AF458651

8° Z
LE SENNE
8073

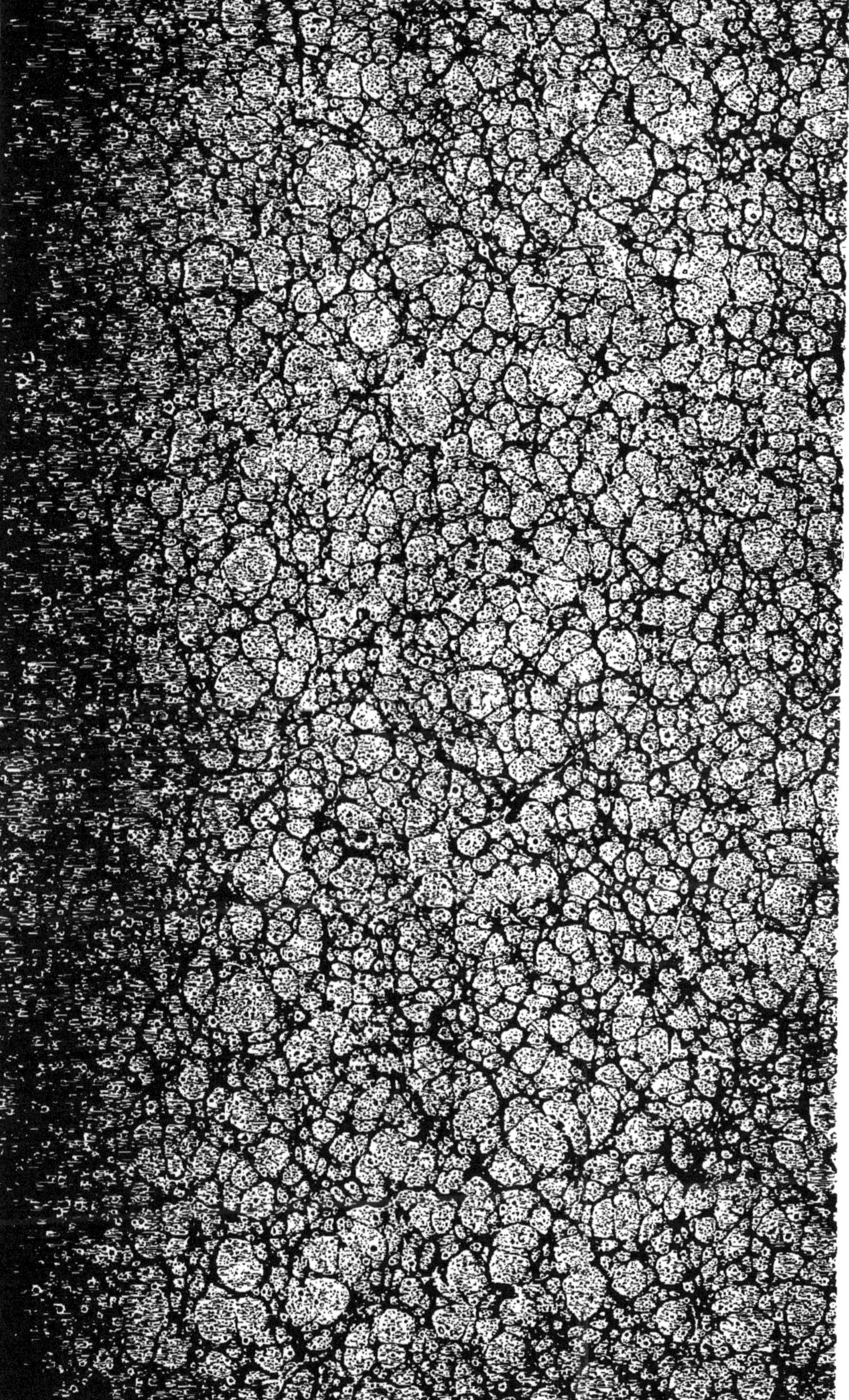

HISTOIRE

de la

CHARTREUSE DE PARIS.

HISTOIRE MONUMENTALE

Pittoresque et Anecdotique

DE LA

CHARTREUSE DE PARIS

Suivie

D'UNE DESCRIPTION NOUVELLE

DU LUXEMBOURG

Et de ses Jardins,

PAR P. DE LACROIX,

De l'Institut historique de France.

Le Camp Romain. — Le Château de Vauvert. — La Légende de Saint-Bruno. — Fondation de la Chartreuse. — Bienfaiteurs du Monastère. — Edification des Chapelles. — Nécrologe. — Immunités accordées aux Chartreux. — Variétés Historiques. — Mélanges. — La Chartreuse en 1775. — Démolition du monastère et réunion de ses terrains au Luxembourg. — Le Palais du Sénat. — Les Jardins. — La Pépinière. — Délimitations nouvelles.

PARIS,

DUMOULIN, LIBRAIRE

De la Société des Antiquaires de France,

Quai des Augustins, 13.

1867.

INTRODUCTION

L y a quelques années, tenté d'écrire les aventures d'un héros de la Fronde ; j'eus besoin, entr'autres sources historiques, de consulter celles relatives à la Chartreuse de Paris, où se passaient quelques scènes de mon ouvrage. Ce monastère ayant été emporté par la tourmente révolutionnaire, je fus obligé de fouiller les archives et de m'entourer de tous les documents que le passé nous a transmis sur la capitale. Grâce à ce travail, qui fut pour moi plein d'attrait, je pus composer une description fidèle de cette Chartreuse, fondée par le roi saint Louis en 1258, édifiée et agrandie sous les règnes suivants, et qui, au dix-huitième siècle, était une des plus riches de l'ordre.

Peu de personnes savent ce que fut la Chartreuse de Paris, avec son église gothique, ses deux cloîtres, ses quarante logements, ses œuvres d'art, son vaste enclos. Les amateurs de peintures, qui admirent au Louvre la magnifique galerie de saint Bruno, ignorent le plus souvent que ces tableaux de Lesueur furent peints à la Chartreuse, et que pendant un siècle et demi ils firent l'ornement du petit cloître de cette maison. D'autres œuvres également remarquables se trouvaient répandues dans l'église élevée par le célèbre Eudes de Montreuil, ainsi que dans la salle du Chapitre : c'était là, en effet, que des artistes de mérite comme Philippe de Champagne, le Poussin, Audran, Lagrenée, Jouvenet, Bon Boulogne, Antoine Coypel et quelques autres, avaient tenu à honneur de voir figurer leurs plus belles toiles. Des stalles d'un travail délicat, véritable chef-d'œuvre de patience et de goût, et des vitraux exécutés d'après les peintures de Sadeler, complétaient cet ensemble de beautés de premier ordre.

La partie historique et anecdotique du monastère des Chartreux, quoique digne d'intérêt, est tout aussi peu connue. Il s'en faut pourtant que les événements y aient fait défaut ; ils s'y sont au contraire succédé comme à plaisir, et peut-être qu'aucun couvent de Paris n'en n'offrirait de même nature et en aussi grand nombre. Il est juste de dire que le voisinage de la capitale y a beaucoup contribué, et a été cause que les faits saillants de la vie mondaine de la grande cité vinrent presque toujours côtoyer les solennités religieuses de ce calme séjour : là, sont venus les fanatiques de la Ligue, les mécontents de la Fronde, les Versoris, les Retz, les Beaufort et tant d'autres, le plus souvent au moment d'une intrigue ou le matin d'un duel, quelquefois après une action d'éclat.

Plusieurs de nos rois, accompagnés des personnages de leur cour, visitèrent la Chartreuse, et la comblèrent de leurs libéralités. Tous les ans, les religieux de ce monastère donnaient un grand dîner au maire et aux échevins de Paris, ainsi qu'aux membres des conseils du roi et du Châtelet. La société la plus distinguée de la capitale y était également invitée. Sous Louis XIV et sous Louis XV, des corps de musique exécutaient, le dimanche, pendant la belle saison, des motets qui attiraient la foule dans l'église des Chartreux, dont la nef était fort résonnante pour me servir d'une expression de Sauval.

Depuis le jour où une simple description me fit m'intéresser à ce pieux asile, je n'ai cessé de poursuivre mes recherches sur son archéologie, ses œuvres d'art, son rôle historique, ses agrandissements successifs et ses transformations diverses depuis 1791. Ce sont les résultats de ces recherches que je livre aujourd'hui au public, à qui j'ai la certitude d'offrir, — et mon ambition unique se borne là, — l'ensemble de documents le plus complet qui ait été publié jusqu'ici sur la Chartreuse de Paris.

P. DE LACROIX.

HISTOIRE MONUMENTALE

PITTORESQUE ET ANECDOTIQUE

de la

CHARTREUSE DE PARIS

I

Le Camp Romain

U sud de l'antique Lutèce, dans le quartier appelé aujourd'hui le faubourg Saint-Germain, existait, sous la domination romaine, un petit groupe de maisons nommé *Lucotitius* ou *Lucotitie.* Une voie principale partait de la Cité, traversait le Petit-Pont, suivait la direction actuelle de la rue Saint Jacques jusqu'au sommet du plateau. Après avoir traversé l'emplacement de la Sorbonne et des Jacobins, elle se prolongeait entre un camp romain et un lieu désigné sous le nom de Champ des Sépultures. Arrivée au carrefour formé par la rue d'Enfer et la rue de l'Est, elle suivait exactement l'ancienne avenue qui, plus tard, a été renfermée dans l'enceinte du couvent des Chartreux; puis elle traversait les dépendances de ce couvent aujourd'hui compris dans la grande pépinière de Luxembourg, et passait ensuite par les villages d'Issy et de Vanves pour aboutir enfin à Orléans.

Nous avons dit que la voie antique passait dans le voisinage d'un camp romain. Ce camp romain était voisin du palais des Thermes, occupé par les empereurs. Le fait est attesté par Ammien Marcellin, lorsqu'il raconte comment Julien fut élevé par ses troupes à la dignité d'empereur (1). Zozime parle également d'un repas nocturne que firent les troupes romaines dans ce camp; il dit aussi d'une manière positive que l'emplacement où veillaient les troupes était voisin du palais de l'empereur (2). Mais ce n'est qu'au commencement de notre dix-neuvième siècle qu'on a pu en déterminer la véritable position ; ce fut de 1801 à 1808, c'est-à-dire à l'époque où furent exécutés des travaux de terrassements considérables dans la partie orientale du jardin du Luxembourg. Ce camp romain s'étendait, il est probable, sur les terrains avoisinant ce jardin, où furent, plus tard, la rue d'Enfer et le monastère des Chartreux.

Lorsqu'on fouilla ces terrains il y a soixante ans, on trouva quelques figurines de divinités, une petite idole de Mercure en bronze, une tête de Cybèle de même métal et quelques instruments que l'on croit destinés aux sacrifices. Plusieurs autres objets s'y montrèrent en abondance : ce sont ceux qui servent aux repas et aux aliments. On recueillit aussi divers ustensiles propres à la cuisine, tels qu'un grand nombre de vases entiers ou en fragments de toutes formes, de toutes dimensions. Des objets de toilette, des bracelets, des miroirs, des anneaux, et divers autres plus

(1) Ammien Marcellin, lib. XX, cap. IV.

(2) Zozime, lib. III, p. 152 et 170.

particulièrement propres aux militaires et à leur habillement, comme agrafes, boucles de diverses espèces, des boutons, des ornements de ceinturon, des harnois de chevaux et un bout de fourreau d'épée. On trouva aussi plusieurs médailles, quelques-unes celtiques, d'autres consulaires, et une suite d'impériales, depuis Jules César jusqu'à Honorius. Plusieurs historiens assurent que c'est à l'époque de ce dernier empereur qu'il faut fixer celle de la désertion entière de ce camp.

La position de ce camp, tel que l'indique Dulaure, concorde parfaitement avec celle du palais des Thermes, où ont résidé quelques empereurs pendant l'occupation romaine, notamment Julien et son épouse, sœur de l'empereur Constance. Le camp devait être établi dans une position telle que le chef pût, à tous les moments, avoir à sa disposition une force imposante pour faire respecter son autorité ; or, les restes du palais des Thermes, que l'on suppose, avec quelque raison, avoir été construit vers la fin du troisième siècle par Constance Chlore, qui séjourna pendant quatorze années de paix dans les Gaules, ces restes considérables existent entre le boulevard Saint-Germain et celui de Saint-Michel.

Après l'occupation romaine, vint l'occupation franque. Paris étendit ses faubourgs du côté du sud-ouest. La *Vie de saint Droctovée*, abbé du monastère de Saint-Germain-des-Prés, dit que lorsque Childebert vint à Paris, il fonda une église en l'honneur de saint Vincent dans un faubourg de cette ville, et dans un lieu qu'on nommait autrefois *Lucotitius*. Cette église fut ensuite nommée Saint-Germain-des-Prés, et les maisons qui se groupèrent autour du couvent devinrent le noyau du faubourg Saint-Germain. Mais plusieurs siècles s'écoulèrent encore avant que ces hameaux fussent compris dans l'enceinte de Paris. Au dixième siècle, la plupart de ces terrains étaient des vignobles estimés, entourés de murs, et, par cette raison, connus sous le nom de clos : il y avait le clos de Saint-Sulpice, le clos Vignerai, le clos de Vauvert, le pressoir de l'Hôtel-Dieu, le clos du Roi, le clos des Francs-Mureaux, et, de l'autre côté de la montagne de Sainte-Geneviève, entre l'abbaye de Saint-Victor et le bourg de Saint-Marcel, le clos Bruneau, le clos l'Evêque et quantité d'autres, grands ou petits, ayant été dénommés pour la plupart du nom de leurs propriétaires.

II

Le Château de Vauvert

SOUS le règne des premiers Capétiens, l'enceinte de Paris, sur la rive gauche de la Seine, ne dépassait guère le périmètre de l'église actuelle de Saint-Séverin. Au sud de la ville s'étendaient de vastes terrains, la majeure partie plantés en vignes et en vergers, dont l'aspect verdoyant flattait le regard. A partir du monastère de Sainte-Geneviève, le sol s'inclinait légèrement vers l'ouest et formait une espèce de vallée que le peuple désigna sous le nom de *Val vert*, duquel, par corruption, on fit ensuite *Vauvert*.

Au dixième siècle, il existait un enclos au centre de cette plaine ; le roi Robert l'acquit et y bâtit une maison de plaisance que l'on appela le château de Vauvert. Voici à quelle occasion : Robert II, disent les chroniqueurs du vieux Paris, venait d'épouser Berthe, fille de Conrad, duc de Bourgogne, princesse qui n'était ni jeune ni belle, mais qui promettait la Bourgogne à son époux.

Dans ce mariage l'intérêt avait parlé plus haut que le scrupule : la reine était parente du roi au quatrième degré, et les lois religieuses interdisaient alors le mariage entre parents jusqu'au septième. Les évêques de France, consultés, s'étaient déclarés pour la conclusion. Grégoire V n'en jugea pas ainsi : il ordonna aux époux de se séparer. Robert aimait sa femme, il refusa d'obéir. Le pape excommunia le roi, et mit son royaume en interdit. On cessa de célébrer à Paris l'office divin, d'enterrer les morts en terre sainte... Les cloches se turent... La plus morne tristesse régnait partout. Les Parisiens parcouraient les rues en poussant de sinistres exclamations, en levant les bras au ciel, en maudissant le roi qui attirait sur la France un si grand malheur.

Quant à Robert, il avait été abandonné par la plupart de ses officiers et de ses courtisans; ses domestiques mêmes étaient partis. Robert l'excommunié s'arrêtait pour prier aux portes des églises, ne pouvant entrer dedans ; en un mot, partout où ce malheureux prince paraissait, on le fuyait comme un lépreux. On le voyait errer dans les lieux déserts, s'agenouiller devant toutes les églises, en baiser les pierres verdâtres et prier avec ferveur. Il fit preuve de courage et de résignation, mais ne céda point, et Berthe resta encore avec lui.

Plusieurs historiens assignent à cette époque la construction du château de Vauvert, maison royale qui fut bâtie durant ce règne. C'était une lourde et massive construction dans le style féodal, élevée sur un petit tertre entouré de prairies et de vergers. Trois portes basses et presque carrées donnaient accès dans ce manoir ; le rez-de-chaussée contenait encore de petites ouvertures en forme de meurtrières ; le premier étage avait huit fenêtres sur sa façade principale, les pavillons des angles avaient seuls un second étage et des tourelles. Cette construction avait quelque chose de sombre et de mélancolique : elle tenait à la fois de la villa et de la forteresse.

Ce qui engagea Robert à édifier ce château, ce fut sans doute son goût dominant pour la solitude, et aussi pour éviter le concert de malédictions qui, chaque jour, s'élevait sous les fenêtres de son palais de la Cité ; il est naturel de penser qu'il ait cherché à s'y soustraire, sans trop s'éloigner de sa capitale, dont quelque seigneur audacieux aurait fort bien pu s'emparer, par pur esprit d'orthodoxie.

Le château de Vauvert ne fut pas longtemps la résidence du roi ; il fut presque aussitôt abandonné. Robert se retira à Melun, et, de guerre lasse, il se décida à répudier Berthe, princesse vertueuse et sage, pour épouser Constance, fille du comte de Provence, la plus méchante femme du royaume, qui lui causa maints et maints tourments jusqu'à sa mort, arrivée en 1031.

Tout à fait abandonné sous le règne suivant, le château de Vauvert, qui avait été le séjour d'un excommunié, devint bientôt un objet de terreur populaire. On se plut à répéter qu'il était la demeure des esprits infernaux ; que chaque nuit on voyait arriver Satan monté sur un char de feu, traversant les airs avec une suite nombreuse de démons ; puis, dès que le cortége infernal était entré, on entendait dans le bâtiment un tintamarre épouvantable, qui se prolongeait jusqu'aux premiers rayons du jour. Plusieurs chroniqueurs ont consacré gravement ces terreurs populaires, et elles étaient si répandues à la fin du onzième siècle, que d'épais buissons de ronces avaient crû autour du château de Vauvert, et qu'aucun sentier n'y conduisait plus. Tous les pâtres se tenaient soigneusement éloignés de ce monument maudit.

Cette abstention des Parisiens honnêtes faisait on ne peut mieux, il paraît, l'affaire des gens mal famés qui, n'ayant pas peur du diable, séjournaient à Vauvert en toute sécurité. Sauval, qui a écrit sur les antiquités de Paris, convint « que ces diables n'étaient peut-être que des voleurs, et que ce qui effrayait tant les Parisiens, c'étaient les croassements des corbeaux, les cris des hiboux et autres oiseaux semblables qui se retirent d'ordinaire dans les masures et maisons abandonnées. »

La frayeur populaire n'en continua pas moins : le diable de Vauvert faisait chaque nuit des hurlements effroyables, et tourmentait de telle sorte les passants, que la rue qui est proche, dit encore Sauval, fut nommée, à cause de cela, la rue d'Enfer, de même la porte d'Enfer celle de Saint-Michel, qui y conduisait, et qui fut construite en même temps que le mur d'enceinte de Philippe-Auguste.

III

La Légende de Saint Bruno

PENDANT ce temps toute l'Europe admirait la ferveur d'un ordre monastique créé depuis un siècle. Nous voulons parler des Chartreux. Ces anachorètes, vivant dans un désert nommé la *Chartreuse*, avaient eu pour fondateur saint Bruno, dont nous allons dire quelques mots. Ils passaient leurs jours dans la plus grande austérité, portaient des cilices sur la peau, vivaient de pain, buvaient de l'eau le mercredi et le vendredi, ne prenaient que des aliments maigres les cinq autres jours, se faisaient saigner cinq fois par an, et n'étaient rasés que six fois dans l'année.

On racontait (car on était persuadé, dans les monastères du XIIIe siècle, que, pour illustrer un fondateur d'ordre, on ne pouvait se dispenser d'orner l'histoire de sa vie de quelques récits merveilleux), on racontait que saint Bruno, né à Cologne vers le milieu du XIe siècle, assistait un jour, dans l'église de Notre-Dame de Paris, à l'office des morts, célébré pour l'âme d'un chanoine nommé Raymond Diocre, qu'on allait porter en terre. Le défunt, docteur célèbre, dont la vie passait pour avoir été exempte de reproches, avait une grande réputation de sainteté. Le corps était couché dans un cercueil, et, d'après une ancienne coutume, le visage était découvert. Lorsque le clergé en fut à ces paroles : *Responde mihi quantas habeo iniquitates?* on vit aussitôt le mort lever la tête au-dessus de son cercueil, et répondre à cette question : *Justo Dei judicio accusatus sum.* A ces mots les assistants, saisis d'effroi, prennent la fuite; la cérémonie funèbre est interrompue et remise au lendemain.

Le jour suivant, le clergé, voulant continuer la cérémonie, entonne le même chant, et, au même verset, le mort, pour la seconde fois, lève la tête et dit qu'il est jugé. A ces mots l'épouvante fait de nouveau déserter l'église; la cérémonie funèbre est encore remise au lendemain.

Pour la troisième fois, le mort, interrogé, déclare qu'il est condamné par le juste jugement de Dieu : *Justo Dei judicio condemnatus sum.*

On ajoute que saint Bruno, témoin de cette scène effrayante, renonça au monde et résolut de faire pénitence (1). Il partit pour

---

(1) Bruno était docteur, chanoine de Reims et maître des écoles de Paris. Ses compagnons étaient Landuin, qui lui succéda comme prieur, Etienne de Bourg, Etienne de Die, tous les deux chanoines en Dauphiné; Hugues, dit le Chapelain; André et Guérin, laïques.

Rome, de là vint à Grenoble, et, aidé par l'évêque saint Hugues, lui et six de ses amis, décidés à finir leurs jours dans la solitude, ‘ondèrent le monastère de la Grande-Chartreuse.

C'est dans cette solitude que saint Bruno et ses pieux compagnons s'arrêtèrent au mois de juin 1084, selon les uns, en 1086 selon les autres, et jetèrent les fondements de leur ordre. Ils commencèrent par élever sur la croupe d'une montagne une chapelle dont on voit encore les restes, et n'eurent d'abord pour habitations que de petites cellules, ou, pour mieux dire, de simples cabanes isolées les unes des autres. Telle est l'origine de cette communauté religieuse et du nom qu'elle a toujours conservé.

L'ordre des Chartreux était fondé depuis 180 ans, lorsque le roi saint Louis, qui favorisait de tout son pouvoir les institutions monastiques, fut si édifié du récit qu'on lui fit de la vie des Chartreux, qu'il se hâta d'écrire à dom Bernard de la Tour, général de l'Ordre, pour le prier d'en envoyer quelques-uns à Paris. Tout aussitôt ce supérieur, obtempérant au vœu du saint roi, dirigea vers la capitale Jean de Josseraud, prieur du Val-Sainte-Marie au diocèse de Valence, avec quatre religieux (1257).

Saint Louis les établit à Gentilly, dans une maison appelée la Grange-aux-Queux, du nom d'un Lequeux, de qui il l'avait achetée en 1250. Mais les bons Pères, ne se trouvant pas commodément dans ce village, sollicitèrent un couvent à Paris, afin, disaient-ils, de profiter des lumières de l'Université. Ils pensaient sans doute qu'une plus grande instruction ferait refleurir leur ordre, et que le voisinage de l'Université leur attirerait un bon nombre de sujets excellents.

Les Chartreux avaient déjà désigné, comme parfaitement convenable à l'austérité de leur institution, l'ancien château de Vauvert, et le demandèrent en 1258 à saint Louis. Ce roi, toujours généreux, déféra à la demande des disciples de saint Bruno et leur donna Vauvert avec toutes ses appartenances et dépendances, non sans toutefois leur avoir représenté, selon Dubreul, que « l'hôtel de Vauvert était depuis longtemps désert, inhabité et en ruines, pour les malins esprits qui y faisaient leur résidence. »

Mais les Chartreux espéraient bien que la prière, l'apostolat, la culture, appelleraient sur ce désert les bénédictions d'en haut et feraient succéder aux ténèbres démoniaques les douceurs de la vie évangélique.

Le roi ajouta à la donation du château de Vauvert cinq muids de blé de Gonesse, à prendre tous les ans, à la Toussaint, dans ses greniers de Paris, pour la subsistance des religieux. Il leur laissait, en outre, la maison, les vignes et les terres qu'il avait achetées de Pierre Lequeux à Gentilly (1). L'acte de cette donation est daté de Melun, au mois de mai 1259. Les Chartreux étaient partis de Gentilly dès le 21 novembre de l'année précédente, ce qui prouve qu'ils étaient installés à Vauvert quelques mois avant la charte de fondation du saint roi.

---

(1) Les Chartreux s'étant installés à Vauvert-lès-Paris, comme on le nommait alors, le monastère que le roi leur avait fait bâtir à Gentilly tomba en ruines. L'histoire de ce logis est assez curieuse, mais elle serait ici un hors-d'œuvre. Disons seulement que Jean, évêque de Wincester en Angleterre, personnage anglais, en fit l'acquisition et y construisit, en 1290, un château à la place de cette première Chartreuse. Le château ayant été ravagé, pillé et brûlé pendant les guerres de Cent-Ans, le duc de Berry, oncle de Charles VI, le releva ; mais plus tard, dégoûté de ce séjour, il le donna avec ses dépendances au Chapitre de Notre-Dame de Paris, en juin 1416. Il fut ensuite transformé en maison pour les soldats invalides, puis en hôpital. Le nom de WINCESTER, qu'il porta pendant un siècle, fut changé en WINCÉSTRE, et enfin en Bicêtre. C'est donc sur la colline qu'occupe cet établissement que se trouvait, en 1257 et années suivantes, le monastère des Chartreux de Gentilly.

Dubreul, dans ses *Antiquités de Paris*, dit bien, en effet, qu'aussitôt la donation, les Chartreux envoyèrent quelques-uns de leurs gens « pour décombrer les avenues, ouvrir les chemins à l'entour de ladite maison, qui estoient clos de murs, et pareillement ouvrir les fenêtres de cette maison, où personne n'osoit entrer (1) ».

Et puis un soir, le prieur dom Josserand et sept autres religieux « vinrent sans crainte aucune et entrèrent dans la maison de Vauvert le jour de saint Colombin, abbé, 21 novembre de l'an 1258, où ils furent trois jours et trois nuits continuellement en prières, faisant procession par ledit hôtel et priant Notre-Seigneur que, par l'intercession de sa benoiste mère, luy plust d'icelui lieu chasser tous les mauvais esprits. »

Quelques jours après, le bruit s'étant répandu dans Paris que les Chartreux étaient établis à Vauvert, les habitants de la capitale, hommes et femmes, vinrent en grand nombre les visiter. Le roi saint Louis, en ayant été informé également, fut y faire sa dévotion. Les religieux allèrent au-devant de lui avec la croix et l'eau bénite et le conduisirent à la chapelle. Après la cérémonie, le roi, ayant pris dom Josserand par la main, lui dit : « Mon frère, nous sommes très-joyeux de la grâce que Dieu vous a donnée et à vos frères, et nous voyons bien qu'il veut être ici servi par vous et par ceux de votre ordre. Par quoi nous vous donnons, et à vos successeurs, à perpétuité, tout ce lieu de Vauvert, comme il se comporte, environné de ces hauts murs, franc et amorti, ainsi comme nos prédécesseurs et nous l'avons tenu, et vous mettons sous notre royale protection, vos successeurs, domestiques et familiers, défendons à tous de vous molester ni troubler en aucune chose. . »

---

(1) Dubreul, *Fastes et Antiquités de Paris*, in-4o, pages 443 et suivantes.

Les religieux bâtirent à la hâte sept ou huit cellules, et, dans les premiers temps, ils n'eurent pour église que l'ancienne chapelle du château, qui fut depuis changée en réfectoire ; mais sans doute les offices que l'on y célébra suffirent pour chasser les esprits infernaux ; ils s'enfuirent promptement et ne reparurent jamais en ce lieu.

La nouvelle habitation des Chartreux fut alors appelée maison de Valvert ou Vauvert, à cause de la situation basse et environnée, comme nous l'avons dit, de prairies, *viri des valles.* Longtemps ces lieux avaient inspiré aux Parisiens une terreur si grande, que le souvenir s'en est conservé et a donné naissance à cette phrase proverbiale : *Aller au diable Vauvert*, pour signifier faire une course pénible et dangereuse.

Que le grand *diable de Vauvert*
A peine se peut démêler.

a dit Coquillard dans sa pièce des *Droits nouveaux.* Villon a écrit, en parlant d'un carme appelé frère Baude, qui portait les armes comme un soldat :

.... S'il ne quitte ses armes,
C'est bien le *diable de Vauvert.*

« La voie romaine qui conduit à Issy, dit Dulaure, appelée en 1210 *Chemin d'Issy*, et ensuite *rue de Vauvert*, a peut-être, à cause des récits épouvantables que l'on débitait sur ce château et sur son diable, reçu le nom de *rue d'Enfer*, qu'elle porte encore aujourd'hui. Il faut ajouter que de vastes carrières qui s'ouvraient sur cette rue, servaient et servirent encore, longtemps après, d'asile aux malfaiteurs, aux brigands qui avaient intérêt à maintenir l'épouvante publique. »

IV

Fondation de la Chartreuse.

Les Chartreux, qui avaient trouvé dans leur nouvelle résidence l'espace et le bon air, eurent bientôt édifié sept ou huit cellules, où ils s'installèrent. On fit ensuite des réparations aux murs de leurs bâtiments ainsi qu'à la chapelle qui était fort ancienne. Tout cela un peu hâtivement, « jusqu'à ce que, dit Dubreul, autre ordonnance fusse faite pour la composition et construction d'une plus grande église, cloistres et logis nécessaires. »

Quelque temps après, le roi saint Louis, toujours libéral, sentit la nécessité de procurer aux Chartreux un local plus vaste que l'ancienne chapelle du château. En 1260, il fit commencer la construction d'une nouvelle église, et en posa la première pierre. Cet édifice fut commencé avant la seconde croisade de saint Louis, par le célèbre Eudes de Montreuil, qui en fournit le plan et les dessins. Durant cette désastreuse expédition, les travaux furent interrompus. Après la mort de saint Louis, le découragement se mit parmi ces pauvres religieux, qui virent dans la perte de leur fondateur la ruine de leur entreprise.

Cet église semblait aux Chartreux, raconte du Breul, « de trop grande entreprise et trop magnifique pour la simplicité de leur ordre, et le peu de ressources qu'ils avaient ; sinon que leurs amis leur remontrèrent qu'elle ne pouvait être trop grande et spacieuse, attendu qu'elle était près d'une grande ville, et qu'ils pourraient à l'avenir être nombre de religieux. Donc ils ouvrirent deux carrières qui étaient dans leur clos même, d'où ils tirèrent si grande quantité de pierres, qu'ils en remplirent tout leur hôtel. Car d'ouvriers, de bras et de carrières, ils n'en manquaient pas. Mais de maçons et tailleurs de pierres, ils n'en avaient qu'avec peine, et par la faveur de leurs amis, parce que environ ce même temps, l'on faisait plusieurs grands ouvrages, et somptueux édifices en Paris, comme les Cordeliers, les Quinze-Vingts, les Blancs-Manteaux, Sainte-Croix de la Bretonnerie, et nombre d'autres églises et Communautés.

» Et pour l'avancement de cet œuvre, le pape Clément IV, de son propre mouvement, octroya des pardons à tous ceux et celles qui aideraient de leurs biens, ou qui manuellement y travailleraient. Ce qui fut cause de l'avancement de cet ouvrage. Ainsi plusieurs autres, inspirés par un saint zèle, y départirent de leurs biens temporels, tant pour ladite église, que pour la fondation et avancement dudit monastère. Du nombre desquels fut dom Nicole, qui fut le premier religieux profès de cette Chartreuse; *idem* un autre appelé maître Nic las Gaudard; *idem* Philippe de Marigny, évêque de Cambrai et ensuite archevêque de Sens, duquel le corps repose dans ladite église. Ainsi demeura cet œuvre imparfait et traînant en longueur jusqu'en l'an 1310, que Jean de Cérées, trésorier de l'église de Lisieux et clerc du roi Philippe V, qui fut seul exécuteur du testament de feu André Porcheron, son oncle, lequel lui avait laissé de grandes sommes pour les employer en œuvres pieuses et aumônes charitables, là où bon lui semblerait. Ayant désigné les Chartreux pour ce legs, il fit venir quantité d'ouvriers, et n'épargna aucune chose, si bien qu'en peu de temps toute la maçonnerie fut achevée.

» Et pour faire la charpente et autres choses nécessaires en ladite église, il obtint du roi Philippe V, dit le Long, une coupe de bois, et l'on mit tant d'arbres par terre qu'on se plaignit que les

Chartreux dégradaient les forêts royales. Les plaintes étaient mal fondées, et le roi, bien loin d'en être ému à leur préjudice, augmenta la permission par un mandat plus ample que le premier. La charpente fut posée et achevée de couvrir en 1324, et l'église dédiée l'année suivante, le 26e jour de juin, par Jean d'Aubigny, évêque de Troyes, en l'honneur de la Sainte Vierge et de saint Jean-Baptiste.

» Le premier service divin fut fait et célébré le 15 août en suivant, qui est le jour de l'Assomption Notre-Dame. Lesquelles choses ledit maître Jean de Cérées voyant accomplies et terminées, en fut fort joyeux, et en rendit souvent grâces à Dieu. Lequel fit plusieurs autres dons à la Chartreuse, et passa le reste de sa vie avec les religieux en grande ferveur et austérité, et mourut le 20 septembre 1327. Son corps fut placé au milieu de l'église, sous une tombe, où son image fut gravée (1). »

Pendant que l'on travaillait à l'église des Chartreux, on faisait également d'autres travaux au monastère, notamment le grand cloître qui fut commencé en 1276, et, pendant ce temps, les religieux se servaient de l'ancienne chapelle pour le service divin. « Cela fut cause, ajoute l'abbé Dubreul, que l'entreprise de ladite église fut si lentement poursuivie et fut si longue et ennuyeuse, que l'on fut plusieurs fois en propos de la raccourcir. Mais l'opinion d'aucuns prévalut, qu'il valait mieux attendre quelque temps, et que l'ouvrage traînât en longueur, que la raccourcir, et qu'il fallait que l'église correspondît à la grandeur du monastère, et que ce serait chose mal séante qu'une petite église à un si grand cloître comme il était composé et déjà si avancé, et qu'il fallait avoir égard à cela et au temps à venir. »

---

(1) Du Breul, *Antiquités de Paris*. Félibien, *Hist. de la ville de Paris*, tome 1er, p. 367.

Il faut dire, en passant, que le clergé parisien réclama contre l'établissement des Chartreux : le curé de Saint-Séverin, alléguant ses droits curiaux, s'opposa de tout son pouvoir à ce que ces religieux eussent une église, un cimetière et des cloches ; à ce qu'ils les fissent sonner à volonté, célébrassent l'office divin, et reçussent des offrandes aux messes.

Mais ces différends furent terminés par un accord du mois de mars 1260, qui fut fait en présence de Renaud, évêque de Paris. Le curé céda tous les droits de paroisse aux Chartreux, moyennant une rente de dix sous parisis ; à condition que, si quelqu'autre curé prétendait dans la suite que Vauvert fût dans une autre paroisse que dans celle de Saint-Séverin, le curé de cette église serait obligé de prendre fait et cause pour eux et se charger de tout l'événement ; et qu'en cas de refus de garantie de sa part, il perdrait la rente de dix sous parisis (1).

Par le même acte, l'archiprêtre de Saint-Séverin cède aux Chartreux à *ferme perpétuelle* toutes les dismes, tant en blé qu'en vin, dont il jouissait sur le territoire de Vauvert et sur les terres et vignes adjacentes : celles sur les terres et vignes situées à Lorcines et à Issy, le tout moyennant dix autres sous de rente. L'évêque Renaud confirma cet accord, qui fut depuis approuvé par son successeur, en 1289.

Le monastère de la Chartreuse de Paris eut deux cloîtres, le grand et le petit. Autour de ces cloîtres étaient les cellules. Chacun de ces petits logements, séparés l'un de l'autre, se composait d'un vestibule, d'une chambre à un lit, d'une autre pièce servant de bibliothèque ou de laboratoire, suivant le goût du religieux qui l'occupait, d'une petite cour et d'un petit jardin. On comptait dans

(1) Félibien. — Jaillot, *Recherches de Paris*, tome V, p. 43.

ces deux cloîtres, à la fin du quatorzième siècle, quarante logements de cette espèce. Le grand cloître seul contenait vingt-huit cellules isolées, dit Jaillot, à l'instar des anciennes *Laures* qu'habitaient les solitaires de l'Egypte, excepté qu'elles étaient plus grandes, et qu'elles étaient divisées en deux ou trois parties. » Les huit premières cellules des Chartreux, construites en forme d'hermitages, afin que l'un n'empêchât point la solitude de l'autre, avaient été fondées par saint Louis. Les autres le furent successivement par Jeanne de Châtillon, Tibault, comte de Champagne, Marguerite d'Issoudun, etc.

Le petit cloître des Chartreux était situé au côté droit et méridional de l'église; tout autour on représenta en peintures, accompagnées de vers latins, l'histoire de saint Bruno, leur patron. Ce cloître, qui invitait au recueillement et à la dévotion, était fermé par des vitraux représentant plusieurs sujets de l'histoire sainte.

A l'un des côtés de ce petit cloître furent édifiés le Chapitre et la Sacristie des deniers de Pierre Loisel, bourgeois de Paris, et de Marguerite, sa femme. Tous les deux furent enterrés dans le Chapitre en 1331 et en 1343. L'autel du Chapitre fut consacré en l'honneur de saint Pierre et de saint Paul, le 13 août 1332, par Guillanme de Flavecourt, archevêque d'Auch.

Humbert, dauphin de Viennois, veuf de Marie de France, fille du roi Philipppe-le-Long, s'étant démis de son Dauphiné en faveur de son beau-père, prit l'habit de religieux, devint patriarche d'Alexandrie et archevêque de Reims, fit bâtir un grand corps de bâtiment qui forma un des côtés du petit cloître, où il demeura longtemps, car il affectionnait beaucoup l'ordre des Chartreux auquel il a fait plusieurs donations, et fit bâtir en son pays de Dauphiné un beau monastère de filles Chartreuses.

Le réfectoire des religieux faisait un autre côté du petit cloître ; c'était anciennement la chapelle du château de Vauvert. C'est là que les bons pères donnaient à dîner, une fois par an, au prévôt des marchands de Paris, aux échevins, gens des conseils du roi et de la Trésorerie. Nous en parlerons plus loin.

V

Bienfaiteurs du Monastère.

APRÈS la fondation du saint roi, la première bienfaitrice de cette maison fut une bourgeoise de Paris, nommée Aveline de Bagneux. Elle donna aux religieux des terres et des vignes situées aux environs de la capitale. Plusieurs autres personnes pieuses ne tardèrent point à répandre leurs libéralités sur la Chartreuse de Paris, et contribuèrent à la construction des autres parties des bâtiments.

Du temps de saint Louis, huit cellules seulement avaient été bâties et fondées. Marguerite d'Issoudun, comtesse d'Eu, fille de Raoul de Lusignan et d'Yolande de Dreux, légua à la Chartreuse de Paris, par son testament de 1260, quinze livres de rente pour la fondation d'une autre cellule et l'entretien d'un religieux. Thibaut II, roi de Navarre et comte de Champagne, gendre de saint Louis, pourvut en 1270, avant son départ pour la croisade, à la fondation d'une autre cellule : alors le nombre des Chartreux fut porté à dix.

Plus tard, Jeanne de Châtillon, comtesse d'Alençon, de Blois et de Chartres, femme de Pierre de France, comte d'Alençon, troisième fils de saint Louis, fonda quatorze cellules pour autant de Chartreux, comme il apparaît par ses lettres du mardi après

Cette princesse fut très-affectionnée à cette maison; elle allait souvent visiter les religieux, préparait elle-même leur repas, le leur distribuait dans leurs cellules et consolait les malades. C'est elle qui fit bâtir l'infirmerie avec six cellules accompagnées de jardins et d'une chapelle qu'elle dota de toutes choses, et en assura l'entretien au moyen de sa terre d'Yères près Villeneuve-Saint-Georges, qu'elle affecta à ce service. Mais ces bâtiments ne furent achevés qu'en 1341.

Pour arriver au nombre trente, il restait encore cinq cellules à fonder; elles le furent successivement : la première, par André de Taran et par Pierre de Thosant, lorsqu'il se fit religieux dans ce monastère; la seconde, par Pierre Bourguignon, prêtre, seigneur de Rouillon, qui donna à cet effet sa terre de Rouillon; la troisième, par Jean des Moulins. Quatre autres cellules furent fondées par Hervé de Neauville, seigneur de Val-Coquatrix, près de Corbeil, et Guillaume de Neauville, son frère (1); sans compter quelques autres places de religieux fondées en cette maison par différentes personnes, notamment par Pierre de Navarre, comte de Mortain, fils de Charles II dit le Mauvais, roi de Navarre et comte d'Evreux, et de Jeanne de France, fille du roi Jean. Pour l'entretien de quatre religieux, il donna en 1396 quatre mille francs d'or évalués à cinq mille livres, que les Chartreux employèrent à l'achat de la terre de Villeneuve-le-Roi, à quatre lieues de Paris, qu'ils acquirent de ceux de la Grande-Chartreuse. Pierre de Navarre mourut le 5 août 1412, à Nevers, en revenant de Bourges avec le roi Charles VI, et fut inhumé dans l'église des Chartreux de Paris.

(1) Les religieux d'Hervé de Neauville devaient occuper les cellules des lettres X, Y et Z. Celui de Guillaume, celle indiquée par la lettre V. Les unes et les autres situées dans le grand cloître.

Ces religieux mettent encore au nombre de leurs principaux bienfaiteurs Jean de Dormans, évêque de Beauvais, cardinal et chancelier de France, et Guillaume de Dormans, son frère, aussi chancelier, qui eurent leur sépulture dans le chœur de la même église. Le cardinal mourut le 7 novembre 1373, et Guillaume, son frère, le 11 juillet de la même année. Le tombeau du cardinal fut ôté du chœur en 1611, à cause qu'il nuisait aux religieux dans la célébration du service divin. Le chancelier Boucherat, issu par les femmes de la famille de Dormans, fit placer le tombeau du cardinal avec une nouvelle épitaphe devant l'autel de la chapelle de Sainte-Anne, en 1696.

Jacques du Breul, abbé de Saint-Germain-des-Prés, cite encore, comme bienfaiteurs de la Chartreuse de Paris, le roi Philippe-le-Bel, la princesse Marie, fille de Jean, duc de Brabant, et deuxième femme de Philippe-le-Hardi, qui mourut le 2 janvier 1321 ; la princesse Marguerite, fille du comte de la Marche, et Alphonse, son mari, fils du roi de Jérusalem ; Philippe de Marigny, ses exécuteurs testamentaires et plusieurs autres, « lesquels chacun à sa dévotion contribuèrent pour l'avancement et prospérité dudit monastère. »

VI.

Édification des Chapelles.

L'EGLISE des Chartreux, qu'on pouvait citer comme un chef-d'œuvre d'architecture sarrasine, était accompagnée de sept chapelles, bâties et fondées depuis par différentes personnes, qui, pour la plupart, y avaient élu leur sépulture ; elle avait en outre trois autels, dont l'un, placé derrière le grand, fut fondé l'an 1331, par Louis, duc de Bourbon, sous l'invocation de saint Hugues, évêque de Lincoln, chartreux, et les deux autres, posés au bas du chœur, portaient les noms de saint Denis et de saint Louis.

La plus récente de toutes les chapelles de la nef était celle de saint Hugues, bâtie en ce lieu pour éviter le bruit que faisaient les enfants malades qu'on apportait auparavant à l'autel du même saint, placé derrière le grand autel, ce que l'on ne pouvait faire sans traverser le chœur, donner de la distraction aux religieux, et troubler souvent le service divin. Il y avait une huitième chapelle hors de l'église, et c'était la seule où les femmes eussent entrée. Elle fut consacrée sous le titre de la Sainte Vierge et de saint Blaise, le 14 mai 1460. Cette chapelle était à l'entrée du monastère ; elle fut édifiée en partie des dons de Robert de Hésecque, qui se rendit frère donné à la Chartreuse, et des biens de Jacques de Juvénal des Ursins, patriarche d'Antioche et évêque de Poitiers, lequel mourut en 1458.

« Cette chapelle, dit du Breul, sert principalement pour la commodité et dévotion des femmes, lesquelles n'entrent pas plus avant dans ledit monastère, non pas seulement dans leur église, sinon les reines pour leur autorité souveraine. Car, selon leur institution, l'entrée de leurs maisons est interdite aux femmes, non point (comme le pensent les ignorants) qu'ils tiennent telle sévérité par superstition, ni qu'ils estiment que les femmes soient moins capables de la grâce de Dieu que les hommes : mais parce qu'ils estiment que telle entrée n'est point nécessaire aux femmes, laquelle apporterait plus d'inquiétude et de détriment à leur solitude et repos d'esprit, que de profit et d'édification à la curiosité du sexe féminin (1). »

Au pied du deuxième autel, situé au bas du chœur, et dédié à saint Denis et à ses compagnons martyrs, reposaient Guillaume Moret, avocat au parlement et chanoine de Noyon, qui mourut l'an 1336, et Guillaume Roze, avocat audit parlement, ainsi que Pernelle de Bémars, sa femme, décédés en 1375.

Le troisième autel, situé de l'autre côté de ladite chapelle, était dédié en l'honneur de saint Louis, roi de France ; il y reposait également plusieurs personnes savantes et lettrées du temps, décédées vers 1328.

La première des sept chapelles collatérales da ladite église, du côté du nord, consacrée en l'honneur de saint Michel, l'an 1324, fut bâtie par messire Robert, abbé d'Anchin, de l'ordre de Saint-Benoît, lequel, ayant renoncé à son abbaye, prit l'habit de Chartreux, à Paris. Un nommé Jean Billouart et sa femme donnèrent un revenu suffisant pour l'entretien de cette chapelle.

Jean des Moulins, chanoine de Châlons et clerc des rois Philippe-le-Long et Charles-le-Bel, fit bâtir les deux autres chapelles sui-

(1) Du Breul, *Théâtre des antiquités de Paris*, 1612, in-4°.

vantes : l'une en l'honneur de sainte Anne, et l'autre en l'honneur de sainte Marie-Magdeleine, lesquelles furent bénites en 1335. Etant par la suite devenues en mauvais état, ces chapelles furent réparées et voûtées de pierre, aux frais de M. de la Drièche, premier président de la chambre des comptes et trésorier de France, qui mourut l'an 1486.

La quatrième chapelle fut érigée en l'honneur de saint Pierre et de saint Paul, et la cinquième en l'honneur de saint Jean-Baptiste; elles furent construites des dons de Jean du Four, changeur et bourgeois de Paris, qui repose dans la chapelle de Saint-Paul, avec sa femme, laquelle ils doièrent en l'an 1361. Quant à celle de Saint-Jean-Baptiste, elle fut également ornée et dotée de quelque revenu par dom Jacques-le-Long, qui se fit religieux audit monastère, et après lui par Gilles Gallois, seigneur de Luzarches, et sa femme, qui l'ornèrent richement.

La sixième chapelle fut édifiée et dotée par André de Florence, trésorier de Reims et clerc de Charles-le-Bel, ensuite évêque de Tournai et cardinal. Laquelle il fit consacrer en l'honneur de saint André, apôtre, et de saint Etienne, premier martyr, le jour de la saint Mathieu, en 1327.

La septième et dernière chapelle collatérale fut bâtie longtemps après les précédentes en l'honneur de saint Bruno, fondateur de l'Ordre, et de saint Hugues, chartreux, évêque de Lincoln, en Angleterre; de laquelle seule on ne trouve aucun fondateur, ni la date de son édification. On y portait les enfants atteints de maladie de langueur, de chartre comme on disait alors. Pour éviter les allées et les venues des personnes qui se rendaient à cette chapelle, et qui souvent troublaient l'office divin, on en fit construire une autre hors de l'église, en 1460.

Le duc de Berry, très-affectionné aux Chartreux, leur fit présent d'un reliquaire en argent doré du poids de vingt-cinq marcs d'argent. Ce reliquaire contenait la sandale de saint Jean-Baptiste. Il leur donna en même temps des lettres apostoliques faisant foi du don qui lui en avait été fait à lui-même. Ce prince leur avait destiné un autre reliquaire bien plus considérable, du poids de sept à huit cents marcs d'argent, où était le menton du même saint, comme il se voit par des lettres de 1390 ; mais il changea de volonté à cet égard, et donna à la sainte chapelle de Bourges, qu'il avait fondée, ce grand et précieux reliquaire.

On conservait aussi dans l'église de la Chartreuse de Paris, une image de vermeil de saint Louis. Ce roi était représenté avec une couronne enrichie de diamants, tenant d'une main le sceptre royal, et de l'autre une épine, extraite de la sainte couronne. Cette image de saint Louis fut plus tard enlevée par des voleurs, et quelques jours après on en retrouva un ou deux fragments dans le jardin du Luxembourg.

VII

Nécrologe

OUTRE Jean de Dormans, évêque et cardinal, six autres évêques eurent leur sépulture dans la même église : ce sont Philippe de Marigny, évêque de Cambrai, puis archevêque de Sens, enterré d'abord dans l'ancienne chapelle, qui servit plus tard de réfectoire, et ensuite transporté dans l'église devant le grand autel ; Jean de

Blangy, docteur en théologie et évêque d'Auxerre, mort le 15 mars 1344; Michel de Crenay, aussi évêque d'Auxerre et confesseur du roi Charles VI, décédé le 13 octobre 1409; Jean d'Arsomvalle, évêque de Châlons et confesseur du Dauphin, fils de Charles VI, mort le 27 août 1416; Jean de Chissé, évêque de Grenoble, mort le 17 août 1350, et Bernard, évêque de Condom, décédé peu de temps après (1).

L'église des Chartreux servit encore à l'inhumation de plusieurs personnages remarquables, qui sont : le prince Amé de Genève, fils de Guillaume, comte de Genève et frère de Robert, qui fut cardinal et même pape schismatique sous le nom de Clément VII, lequel Amé mourut le 4 décembre 1369; Philippe de Harcourt, premier chambellan du roi Charles VI, mort le 13 octobre 1414; Jean de la Luna, neveu de l'anti-pape Benoît XIII, mort en 1395; Louis, fils naturel du comte de Flandre, mort en 1378; Guillaume de Sens, premier président au parlement de Paris, décédé le 11 avril 1399; Adam de Cambrai, aussi premier président, mort le 15 mars 1456, et Charlotte-Alexandre, sa femme, morte le 12 mars 1472; Marguerite de Châlons, dame de Thoucy et de Puisaye, fille de Jean de Châlons, comte d'Auxerre, et femme de Jean de Savoie, chevalier, morte le 11 octobre 1378; Hervé de Neauville, conseiller du roi, qui décéda le 5 septembre 1423; Pierre Ramus, chanoine de Reims, conseiller du roi et du duc de Bourgogne, mort le 8 octobre 1395; Hugues Chabert, archidiacre de Mâcon et chanoine d'Autun, mort le 11 juin 1352; Renaud de Dormans, conseiller et maître des requêtes de l'hôtel du roi, décédé le 11 novembre 1472; Hugues Le Coq, chanoine de l'église collégiale d'Autun, décédé le 26 septembre 1485. A la fin de ses jours, il s'était retiré à la Chartreuse de Paris, et laissa aux religieux

(1) Le P. de la Barre, *Histoire de la ville de Paris*, 1735.

quelques biens et revenus, notamment pour l'entretien d'un frère à perpétuité. Jean d'Aimville, seigneur de Bruyères, maître d'hôtel du roi Charles V, qui mourut le 20 mars 1375; Jean du Portail, conseiller du roi Philippe-le-Long et de Charles, son frère, décédé le 19 novembre 1356; Simon du Portail, doyen de l'église de Tournay, lequel mourut l'an 1359 ; Yvan de Béart, chambellan du roi de France, fils naturel de Gaston-Phœbus, comte de Foix, décédé à l'hôtel Saint-Paul, occupé par Charles VI, en 1392; Gérard de Montaigu, chanoine de Paris et de Reims, conseiller du roi et son avocat au parlement, grand ami et bienfaiteur des Chartreux, qui mourut le 2 décembre 140...; Martin Sénéchal, avocat au Parlement, décédé le 15 juillet 1372; Révérend et docte Nicolas le Diseur, protonotaire apostolique, archidiacre de Laon, chanoine de l'église de Paris, secrétaire du roi Charles VI, qui mourut le 24 octobre 1399.

On cite encore comme ayant été inhumés dans l'église des Chartreux : Jean du Mont Sainte-Marie, avocat au parlement, chancelier de monseigneur Philippe duc d'Orléans, fils du roi Philippe de Valois, qui décéda le 8 décembre 1348; Pierre de Chenac, official de l'église de Paris et chanoine de Limoges, l'an 1350; Odo Boileau, trésorier de la Sainte-Chapelle de Paris, décédé le 12 octobre 1357; Mathurin Roger, conseiller du roi et chanoine de Béthune, mort le 13 août 1389; Regnault de Bussy, conseiller du roi en son parlement et prévôt en l'église de Soissons, qui s'en alla de ce monde le 10 mars 1407; Geoffroi Le Bouteiller, chancelier et chanoine de Chartres, ainsi que de la Sainte-Chapelle de Paris, et premier chapelain du roi de France, qui alla de vie à trépas le 12 juillet 1377; Pierre Le Jay, en son vivant doyen de l'église de Meaux, conseiller du roi aux requêtes de son palais à Paris, qui mourut le 25 octobre 1430.

Dans les cloîtres furent inhumés le fils du comte de Flandre, dont nous avons parlé, et les deux Versoris, l'un avocat célèbre, qui eut une épitaphe gravée dans la muraille; l'autre, de la parenté du premier, fut enterré en ce lieu en 1609. C'est là également que fut inhumé le président Guillaume de Sens, et aussi Vincent de Montrotine, secrétaire de Pierre de Navarre, comte de Mortain, et ensuite notaire et secrétaire du roi, qui décéda à Corbeil, le 18 octobre 1420.

Quant aux religieux, ils n'ont aucune tombe ni épitaphe, et ne sont jamais enterrés dans les églises, ni autre part que dans le cimetière commun qu'ils ont dans le préau de leur grand cloître. C'est dans ce cimetière que furent déposés Jean Guyot, jadis chapelain du roi et chanoine de Sens, qui mourut le 28 juin 1404; Pierre Surian, clerc et notaire de deux rois, chanoine de Saint-Germain-l'Auxerrois de Paris, qui décéda après 1389. Plusieurs autres clercs et notaires du roi de France y furent également inhumés; mais nous arrêtons ici notre liste nécrologique.

Du temps de l'historien du Breul, c'est-à-dire vers 1612, il y avait entre la première et la seconde cour un corps de logis avec arcades, au-dessus desquelles étaient gravés les vers suivants :

Hanc rogo, quisquis ades, non admireris Eremum;
Nec dicas hec sunt tecta superba nimis.
Regia sunt etenim viridis fundamina vallis,
Francorum iecit que Lodoicus honos.
Rex primum instituit, Regnum Rex auxil, et auget :
Servabitq suam tempus in omne domum.

« Lesquels vers, dit du Breul, semblent répondre tacitement à ceux qui voudraient dire que cette maison est trop belle et magnifique pour des religieux solitaires, combien qu'en tout ce lieu il n'y ait rien qui excède les bornes de la simplicité et modestie religieuse. Et n'y a que la belle composition de leur cloistre, non commun aux autres ordres de religion, la quantité et le nombre des logis nécessaires pour loger chacun à part, comme en un désert rempli d'ermitages, et l'estendue de leur enclos environné de hautes murailles, avec la belle assiette et le bon air du lieu, qui rendent cette maison fort agréable, et la font paraistre belle et magnifique. Lesquelles commodités l'on ne leur doit pas envier, et l'on jugera que justement leur doivent estre concédées, quand l'on considérera qu'ils se tiennent dans un enclos d'environ cinquante arpens de terre pour le plus, dont ils ne sortent que peu ou point. Et encore, qui pis est, ils n'ont pas la pleine et libre jouissance de si peu d'estendue. Car ils sont restreints et renfermés chacun dans un petit logis et jardinet dont ils ne sortent ordinairement qu'à certaines heures pour aller à l'église et au couvent : et n'ont qu'un jour de la semaine, auquel ils peuvent prendre l'air dans leur grand clos. »

Le même chroniqueur cite un chartreux de Paris, nommé Antoine Balasque, qui vécut quarante-quatre ans dans ce monastère sans jamais en sortir, et y mourut vers 1590. Un autre, nommé Denis Rousseau, décédé en 1599, y était resté cinquante-sept ans, et bien une cinquantaine d'années sans avoir franchi la porte du couvent, et même sans avoir changé de cellule. C'était, il faut le reconnaître, un peu trop s'immobiliser dans le monastère : les pérégrinations ont quelquefois du bon, même pour la vie contemplative.

VIII.

Immunités accordées aux Chartreux.

LES chartreux de Paris, suivant Dubreul, étaient munis de grands privilèges, grâces et immunités, octroyés par les papes, comme de n'être sujets à l'ordinaire, et de dépendre immédiatement du Saint-Siége, de ne payer aucunes dîmes ou décimes...., d'être exempts de loger et nourrir en leurs maisons aucuns soldats estropiés, sous le nom de religieux laïques; ils avaient encore le privilège de garde gardienne du prévôt de Paris, et de *committimus* aux requêtes du Palais. Il n'était permis à aucun religieux de bâtir édifice, ni acquérir possession à demi-lieue près de leurs limites, privilège concédé à tout l'ordre, par trois papes, et confirmé par les suivants. Exempts des droits de gabelle et de sceaux, les Chartreux avaient droit de prendre le sel au grenier du roi, en payant seulement le droit du marchand, pour la quantité de quatre setiers par année.

Si les chartreux de Paris ont mérité plusieurs grâces particulières de nos rois, il est, suivant nous, utile de savoir pourquoi et à quelle époque. Pour cela, nous n'aurons qu'à ouvrir la vaste collection des ordonnances royales, depuis l'année 1257 jusqu'à Louis XV.

En principe, tous les monastères de fondation royale étaient placés sous la sauvegarde des rois. Saint Louis, en appelant les Chartreux à Paris, eut soin de consigner, dans l'acte qu'il leur donna, à Melun, au mois de mai 1259, « qu'il les mettait sous sa royale protection, eux, leurs successeurs, familiers et domestiques. » Un siècle plus tard, la guerre ayant éclaté entre la France et l'Angleterre, et donné libre carrière aux compagnies d'aventuriers qui parcouraient les provinces du Midi et qui, d'un instant à l'autre, pouvaient se rapprocher de Paris, les Chartreux sollicitèrent des lettres de sauvegarde du roi Philippe de Valois. Ce monarque accéda à leur demande, et, au mois de mai 1443, leur fit expédier ces lettres :

« Iceux d'abondant avons pris et prenons, mis et mettons, dit le roi, de grâce spéciale et de notre certaine science, avec tous leurs biens quels qu'ils soyent et auquel soient assis en nostre royaume, tous leurs familiers et serviteurs, religieux et séculiers, en et soubs nostre protection et sauvegarde spécial et de nos successeurs roys de France, pour y estre et demeurer perpétuellement, etc.

» Et en signe de nostre dite sauvegarde spécial fassent mettre nos pannonceaux royaulx ès-maisons, granges, possessions et autres biens desdits suppliants, afin que nul ne se puist excuser de son ignorance..... (1) »

Ces lettres de sauvegarde furent confirmées par le roi Jean, à Paris, au mois de novembre 1350. Charles V, qui avait une spéciale dévotion pour les Chartreux, leur en donna d'autres, datées

(1) *Ordonnances de la France*, tome IV, p. 303.

du mois d'août 1368, et qui furent confirmées par Henri VI, roi d'Angleterre, en juillet 1426, avec quelques modifications.

Le même Charles V, en janvier 1370, exempta toutes les maisons des Chartreux, ses chapelains, à cause de leur pauvreté, du paiement des aides ordonnées pour la rançon du roi Jean et pour la guerre, et des décimes accordés au roi par le Pape, sur les gens d'église. En 1383, au mois de février, Charles VI leur accorda la même exemption par rapport aux aides nouvellement établies pour le fait des guerres.

Et par ses lettres du 24 décembre 1406, le même roi ordonna qu'après que les avocats du Châtelet de Paris auraient eu leur audience chacun à leur tour et selon leur ordre, l'Hôtel-Dieu et les couvents des Chartreux et des Célestins de cette ville, auraient par semaine deux ou trois audiences chacun, avant que le tour et l'ordre des avocats recommençassent (1).

Charles VII, par ses lettres du mois de septembre 1446, confirme celles de Charles V du 14 janvier 1370, et celles de Charles VI du 7 février 1383, qui exemptent des aides et des décimes toutes les maisons de l'ordre des Chartreux en général, telles que : la Grande-Chartreuse, Paris, le Liget, Fontaine-Notre-Dame, Valbonne, Rouen, etc.

Louis XI donna aux Chartreux de Paris de nouvelles lettres de sauvegarde en leur faveur (17 septembre 1461). Par ces lettres, le prévôt de Paris leur est donné pour juge en toutes leurs causes,

---

(1) *Ordonnances*, tome IX, p. 164.

tant en demandant qu'en défendant, mais il ne peut faire assigner devant lui, leurs parties adverses, que lorsqu'elles demeurent à moins de quatorze lieues de Paris. Le prévôt leur est également donné pour gardien spécial de leurs possessions, franchises, libertés, usages et privilèges quelconques. Ces lettres furent publiées au Châtelet, à la fin de la même année ; elles furent confirmées par Charles VIII, en 1484.

Louis XI confirma lui aussi, au mois de novembre 1461, les lettres de Charles VII du mois de septembre 1446, et de ses prédécesseurs, qui exemptaient des aides et des décimes, toutes les maisons de l'ordre des Chartreux, situées en France.

En 1465, les religieux de cet Ordre exposèrent à Louis XI, que Charles VI, voulant participer à leurs prières, les exempta de tout subside, à cause de la guerre ; que Charles VII confirma cette exemption, et que lui-même l'avait aussi confirmée : mais les expressions de ces diverses lettres étant générales, on a voulu soumettre, eux et les leurs, à contribuer aux tailles, dixièmes, réparations et fortifications des villes, et à d'autres impôts ; ce qui les a privés de leurs revenus, et se trouve d'ailleurs contraire à la franchise qu'ils avaient obtenue.

Louis XI, par des lettres du 31 octobre 1465, confirme de nouveau le privilège accordé, et veut que, doresnavant, les religieux de l'ordre des Chartreux, leurs donnés, gens, familiers et serviteurs, et chacun d'eux, soient exempts de tous dixièmes, quatrièmes, impositions, tailles, emprunts, gabelles et autres aides, subsides, redevances et subventions octroyées et à octroyer, tant par le Saint-Siége apostolique et le clergé du royaume que par autres, tant pour le fait des guerres et gens d'armes, fortifications, réparations, gardes, péages, acquits, travers, entrées, rouages, vinages, châteaux, forteresses, ponts, passages, rivières, que pour la vente des productions de leurs domaines, de leurs animaux......, enfin, où et pour quelque cause que ce puisse être.

Le 26 mars 1466, le même roi, considérant « que ses chers et bien-amez les prieur et couvent de la Chartreuse de Paris ont, à cause de leur fondation, plusieurs assignations, tant sur le trésor que sur le domaine de sa recette ordinaire de Paris, desquelles ils ne sont pas payés, voulant subvenir à leurs besoins, ordonne de leur compter, chaque année, deux cents livres tournois (1). »

Les causes des chartreux de Paris, on l'a vu, ressortissaient au prévôt de cette ville : mais l'abondance des affaires qui étaient dans les attributions de ce magistrat n'en permettant pas toujours la prompte expédition, les religieux s'adressèrent au roi pour obtenir de relever immédiatement de l'hôtel des requêtes du Palais. Par ses lettres, datées de Péronne, en février 1476, Louis XI le leur accorda.

Le même roi, toujours généreux envers la Chartreuse de Paris, octroya aux religieux de cette maison la faculté de prendre, chaque année, perpétuellement, pour leur provision et dépense, quatre setiers de sel, dans le grenier établi en la ville de Paris, en payant le droit du marchand seulement. Ces lettres sont datées du Plessis, en mars 1482, ainsi que celles qui portent affranchissement des droits du sceau en faveur des mêmes religieux.

Dans le tome dix-neuvième des ordonnances, on trouve diverses lettres de Charles VIII du mois de juillet 1484, en faveur de l'ordre

---

(1) *Ordonnances*, tome XVI, p. 561.

des Chartreux en général, ou de quelques-uns de ses monastères, comme Vauvert-lès-Paris, et Bourg-Fontaine en Valois.

Par ses lettres du mois de juillet 1498, Louis XII confirme les biens et privilèges accordés par ses prédécesseurs aux prieur, religieux et couvent de Notre-Dame de Vauvert-lès-Paris, de l'ordre de Chartreuse. Le même roi a accordé, le 10 juin 1502, des lettres de surannation pour l'enregistrement de celles ci-dessus mentionnées.

Les mêmes religieux obtinrent une grâce particulière de Charles IX, qui leur accorda, par ses lettres du 18 juillet 1572, de ne rien payer pour le sceau des lettres qu'ils obtiendraient dans les chancelleries, et ce don fut enregistré au parlement le 4 décembre de ladite année.

Au mois d'août 1658, le roi Louis XIV leur accorda le pouvoir d'exploiter leurs bois et d'en user et disposer en bons pères de famille, sans les assujétir aux lois imposées à cet égard aux autres ecclésiastiques. L'année précédente, le prieuré de Saux, dépendant de l'abbaye de Saint-Florent près Saumur, avait été réuni à la Chartreuse de Paris, par bulles du pape, du consentement du cardinal Grimaldi, abbé, et des religieux du prieuré; et au commencement de 1658, l'union en fut enregistrée au parlement.

En 1618, Louis XIII donna aux Chartreux une rue qui conduisait à leur église et séparait leur petit clos d'avec le grand, laquelle était longue de cent cinquante-neuf toises et large de trois, avec un chemin qui n'était ni pavé ni fréquenté, le long de leur grand clos. Cette rue, ancienne voie romaine, conduisait à Issy, à Meudon et à Chevreuse; elle se bifurquait aussitôt passée devant le couvent, une branche courait à droite du côté de Meudon, tandis que l'autre se dirigeait vers le clos des Carmélites et l'hôpital Saint-Jacques du Haut-Pas en allant du côté d'Issy.

La seule condition que le roi mit à cette suppression, ce fut que les Chartreux feraient fermer cette rue à leurs dépens du côté de la rue d'Enfer, qu'ils bâtiraient un mur contre le Pressoir de l'Hôtel-Dieu, pour joindre leur petit clos à leur couvent; que, pour l'embellissement de leur maison, ils feraient construire une avenue plantée d'arbres qui conduirait à leur monastère, et que la rue d'Enfer serait continuée en droite ligne jusqu'aux Carmélites (1).

« Les dépendances de la Chartreuse de Paris, dit saint Victor dans son *Tableau historique*, qui ne consistaient d'abord qu'en huit arpents et demi, n'étant plus suffisantes pour le nombre toujours croissant de ses religieux, ils firent successivement un nombre considérable d'acquisitions dans le clos de Vignerai et dans celui de Saint-Sulpice, acquisitions dont les titres se trouvaient dans les archives de Saint-Germain-des-Prés. Marie de Médicis, ayant eu besoin d'une partie de ce terrain pour son parc du Luxembourg, leur donna en échange des terres situées vis-à-vis de leur monastère de l'autre côté du chemin d'Issy. » C'est à cette occasion que Louis XIII permit aux Chartreux de s'approprier ce chemin et de le fermer. Leurs deux clos, étant réunis, formèrent un terrain immense, que l'on évaluait à une superficie d'environ soixante-seize arpents, suivant l'abbé Lebœuf, et soixante mille quatre cent cinquante toises carrées, selon l'historien Dulaure.

« Ce couvent est si reculé du grand monde, dit Sauval, qu'encore qu'il soit joint à la ville la plus grande et la plus peuplée de

(1) Jaillot, *Recherches sur Paris.* Sauval, *Antiquités de Paris.*

l'Europe, il paraît néanmoins un grand désert et une vaste solitude (1). »

Cet historien, qui écrivait cela vers le milieu du dix-septième siècle, constate en même temps que « le vaisseau de l'église est fort résonnant et fort musical. Les canaux qui roulent et résonnent sous la voûte le rendent fort harmonieux. » Il ajoute « que la cellule marquée à la lettre R et une des nouvelles marquées, est une des plus enjolivées, et celle où demeure à présent, dit-il, dom du Carrouge, sont les plus commodes, les plus logeables et les plus singulières que j'aie vues dans toutes les plus belles chartreuses de l'Europe. » C'est peut-être dans la cellule de dom Carrouge qu'était cet escalier double à quatre noyaux, « d'autant plus digne d'être estimé, raconte ailleurs Sauval, que l'invention en est nouvelle. »

Dom Carrouge était ami du Coadjuteur, depuis, cardinal de Retz, qui, pendant la Fronde, l'allait voir aux Chartreux. Ce même Coadjuteur raconte, dans ses *Mémoires*, qu'un jour il fut s'y promener avec M. de Fontenay, ambassadeur à Rome, mais il garde le silence sur le motif de leur entrevue, qui fut évidemment toute politique.

Comme le terrain qui appartenait aux Chartreux était fort étendu, ils avaient des vergers, des pépinières, des jardins, des vignes et un moulin à vent, dont l'emplacement était non loin de la jonction de la rue d'Enfer avec celle de Notre-Dame-des-Champs, à peu près où est aujourd'hui la grande grille d'entrée du Luxembourg,

---

(1) Sous Louis XIV, le monastère des Chartreux fut compris dans l'enceinte de Paris, dont la limite extrême se trouvait où est actuellement le boulevard Montparnasse.

au carrefour de l'Observatoire. Cette Chartreuse avait deux entrées : la principale ouvrait sur la rue d'Enfer, vis-à-vis le passage de Saint-Jacques du Haut-Pas, et se composait d'une porte en arcade, que l'on voyait encore il y a quelques années, laquelle portait le nº 16. La Chartreuse de Paris était une des plus riches de l'ordre. A la fin du siècle dernier, elle comptait quarante religieux de chœur, sans compter les frères et les donnés en grand nombre.

IX.

Variétés historiques.

N grand nombre de faits d'un caractère historique, et curieux à connaître, se sont passés dans la Chartreuse de Paris. Nous regardons comme un devoir de n'en oublier aucun, et de les indiquer dans cette monographie, pour laquelle nous avons fait de consciencieuses recherches.

Dom Jean de Josserand, prieur de la Chartreuse de Paris, obtint sa démission en 1260. Il fut envoyé prieur à la chartreuse du Liget en Touraine, par décision du chapitre général de cette année. Son exemple ne fut suivi par aucuns de ses successeurs.

En mars 1261, intervint une transaction entre dom Guillaume, prieur des chartreux, et le curé de Saint-Séverin, concernant le différend qui existait entr'eux à cause des droits paroissiaux. Cette transaction fut faite moyennant dix sous parisis de rente, évalués sous Louis XV, à neuf livres deux sous six deniers (1). »

Le 25 août 1270, saint Louis trépassa devant Tunis; cette mort mit le comble aux malheurs de sa seconde croisade.

Dom Nicolas de l'Epine fut le premier profès de la chartreuse de Paris, le 27 septembre 1280. Dom Pons ou Ponce de Sablières, du même monastère, fut fait premier prieur de la chartreuse de Sainte-Croix en Forez, fondée l'an 1280, par N. de la Tour de Rossillon, sa parente. Il fut ensuite évêque de Grasse, et en cette qualité il prêta serment de fidélité en 1282, à l'archevêque d'Embrun.

En 1289, mourut Eudes de Montreuil, architecte de saint Louis, qui avait fourni le plan et les dessins de la Chartreuse de Paris, dont la première pierre avait été posée par le roi, en 1260, mais qui n'eut pas le bonheur de la voir terminée. « L'architecture gothique, dit un contemporain, seule en usage au XIIIe siècle, fut portée par Eudes à son plus haut degré de perfection. Ses édifices, bien conçus, offrent en général des formes légères et gracieuses, et sont justement regardés comme des modèles du genre. Parmi les monuments qu'il a laissés à Paris, on a distingué principalement les églises de Sainte-Catherine du Val des Ecoliers, de Sainte-Croix de la Bretonnerie, des Blancs-Manteaux, des Mathurins, des Cordeliers et des Chartreux. Il avait sculpté dans l'église des Cordeliers un bas-relief de grandeur naturelle où il s'était représenté à mi-corps entre ses deux femmes. Il avait près de lui un ciseau de

(1) Jaillot, *Recherches sur Paris*, tome V, p. 43.

sculpteur, et tenait de la main gauche une équerre. Il était considéré comme le premier architecte de son temps. Ayant suivi saint Louis en Palestine, il avait été chargé des fortifications de Jaffa.»

Guido ou Guigues, cinquième général de l'ordre des Chartreux, ayant écrit la *Coutume de la Grande Chartreuse* ou Statuts, cette coutume fut communiquée à tous les monastères de cet ordre, afin d'être observée à l'avenir et avec uniformité par tous les religieux.

Dom Martin, onzième général, donna aux Chartreux pour symbole une croix posée sur un monde, avec la devise : *Stat crux, dum volvitur orbis.*

En 1350, on peignit pour la première fois l'histoire de saint Bruno, sur les murailles du petit cloître.

En 1418, onze religieux de ce monastère moururent de la peste.

Le 30 septembre 1465, six cents hommes des troupes du roi Louis XI, étant décampés de Port-à-l'Anglais, vinrent loger dans la chartreuse pendant une nuit, y firent mille extravagances, et causèrent beaucoup de dommages.

Le 18 juillet 1484, le roi Charles VIII vint dîner chez les chartreux, et y trouva le vin du crû de Villeneuve-le-Roi si bon et si à son goût, que son premier maître d'hôtel eut ordre d'en prendre un muid de blanc et un de clairet, qu'il paya neuf livres douze sous parisis (1).

(1) Les chartreux de Paris étaient, dès 1335, possesseurs de vignes à Villeneuve-le-Roi, à 4 lieues de la capitale. En 1390, le duc de Berry leur ayant fait don de 3,000 francs d'or, et sept ou huit ans après, ces religieux ayant reçu 4,000 francs d'or également de Pierre de Navarre, employèrent ces sommes à l'achat des autres parties de cette terre de Villeneuve. Étant devenus seigneurs

Dom Gérard Patin, prieur de ce monastère en 1503, fit commencer une chartreuse à Maillard en Brie. Le Chapitre général de l'Ordre avait approuvé son dessein ; mais les oppositions de l'évêque de Meaux, jointes à celles des Chartreux de Paris, l'obligèrent à abandonner son projet et d'en donner les biens à ferme.

En 1508, dom Nicolas l'Huillier, profès de Bourg-Fontaine, fut élu prieur de Paris. Il fut déposé en 1518. C'est le dernier prieur étranger de la maison de Paris, c'est-à-dire qui n'était pas profès de ce monastère.

Dom Jean Hamelin, profès de la chartreuse de la Rose Notre-Dame près Rouen, hôte en celle de Paris (nom qu'on donne aux religieux demeurant dans une chartreuse dont ils ne sont pas profès), fut renvoyé en sa maison, et le chapitre général ordonna qu'à l'avenir on n'envoyât plus de religieux des autres maisons demeurer en celle de Paris. Cette ordonnance est de 1533.

Sous Henri III, la confrérie des Pénitents, dits *Blancs-Battus*, faisait des processions à pied depuis le monastère des Chartreux de Paris, où l'on faisait l'assemblée, jusqu'à Notre-Dame de Chartres. On faisait dix-huit lieues en deux jours. Le roi lui-même y assistait, habillé comme les autres ; les grands seigneurs et particulièrement les favoris du prince n'avaient garde d'y manquer.

---

de ce beau domaine, les Chartreux mirent toute leur attention à faire cultiver les vignes et à bien façonner le vin. Ce qui explique comment le roi Charles VIII le trouva tant à son goût.

Cette acquisition de la terre de Villeneuve produisait des revenus considérables ; mais les Chartreux furent obligés de la vendre en 1596, à Mathieu Marcel, conseiller d'état, pour se retirer des affaires dans lesquelles ils s'étaient inconsidérément engagés, sous prétexte de religion, pendant les troubles de la Ligue.

Leur habit était blanc, d'un dessin très-bizarre et très-singulier; le roi animait chacun par son exemple à cette dévotion extraordinaire (1).

Le 7 août 1583, le jeune Yves d'Alègre, ayant demandé raison au baron de Viteaux de la mort de son père, qu'il avait tué en duel, rendez-vous fut donné derrière le couvent des Chartreux. Guillaume du Prat, baron de Viteaux, y fut tué (2).

Le 27 décembre 1588, on enterra, dans le grand cloître de la Chartreuse, le fameux ligueur Jean Versoris, avocat, mort la veille. Il descendait de Jean le Tourneur, qui vint s'établir à Paris sous le règne de Charles VII, et qui, à l'exemple de la plupart des gens de lettres du temps, latinisa son nom, et se fit appeler Versoris qui est le génitif de *Versor*. Sa postérité porta toujours depuis le surnom de *Versoris*. Celui qu'on enterra aux Chartreux est connu pour avoir plaidé pour les Jésuites, contre Étienne Pasquier, et pour avoir été un si furieux ligueur, qu'ayant appris la mort du duc et du cardinal de Guise, à Blois, il en fut tellement saisi, qu'il en mourut, avec des sentiments contre son roi, qui probablement ne le conduisirent point en paradis. Dulaure dit qu'il mourut de chagrin, et qu'il rendit le dernier soupir en embrassant le portrait du duc de Guise, et qualifiait le roi de tyran (3).

Les ligueurs, ayant, dès le 5 août 1589, proclamé Charles, cardinal de Bourbon, roi de France, le 7 mai 1590, la Sorbonne rendit un décret qui promettait la couronne de martyr à quiconque aurait

---

(1) Sauval, *Antiquités de Paris*, tome 1er, p. 618.

(2) Laisné, *Archives de la Noblesse de France*, tome VI, p. 13.

(3) Pignaniol de la Force, *Description de Paris*. — Dulaure, *Hist. de Paris*.

le bonheur de mourir en combattant contre Henri IV. Le 3 juin suivant, le duc de Savoie-Nemours, gouverneur, fit faire dans Paris cette fameuse procession de la Ligue, « qui offrit, selon de Thou, un spectacle plus ridicule encore que tous ceux qu'on y avait vus en ce genre. » Imaginez-vous une espèce de régiment composé de tous les ordres religieux, de prêtres et d'écoliers, jusqu'au nombre de 1300 hommes, ayant à sa tête Rose, évêque de Senlis, et Hamilton, curé de Saint-Cosme, marchant en ordre de bataille, accompagné du légat. L'évêque de Senlis tenait une croix d'une main et une hallebarde de l'autre ; après lui venait le prieur des Chartreux, suivi de ses religieux, des Feuillants, des Capucins, des Carmes, ayant tous l'habit retroussé, le capuchon abattu, un casque en tête, la cuirasse sur le dos, portant de vieux mousquets rouillés. Les anciens marchaient les premiers, d'un air menaçant, et contrefaisaient, autant qu'il était en eux, la contrainte guerrière. On lisait sur leurs visages la satisfaction qu'ils avaient de s'entendre appeler par le peuple les braves Machabées (1).

Après la réduction de Paris, l'université ordonna aux ordres religieux de rendre obéissance à Henri IV, qui était leur vrai et légitime souverain (22 avril 1594). Malgré cette décision, les Chartreux, les Jésuites et les Capucins continuèrent de ne point faire mention du roi dans les prières publiques. Les Chartreux, menacés de la saisie de leur temporel, cédèrent à la fin. Les Jésuites et les Capucins, persistant dans leur obstination, l'université les suspendit. D'autres, comme Rose, Hamilton, le curé de Saint-Jacques, Pelletier, et le curé de Saint-Germain furent éloignés de Paris.

---

(1) De Thou, livre 98. — Fantin des Odoards, tome VII.

Les Chartreux furent les derniers à prier pour le roi Henri IV, attendant, dit un auteur, les ordres du R. P. Général, qu'ils reçurent avec joie.

Le 22 mars 1596, en signe d'une sincère et entière réconciliation avec le roi, les Chartreux donnèrent à dîner aux prévôt des marchands et échevins de Paris, au retour de la procession générale, le jour de la réduction de cette ville, à laquelle assistait alors l'évêque, à la tête de son chapitre, et depuis ils vinrent à la Chartreuse tous les ans à pareil jour, et y dînèrent.

Le mercredi 26 janvier 1600, fut jugée en la chambre de l'Édit, à Paris, la cause d'un chartreux nommé Nicolas du Rouvre, qui, s'étant fait de la religion et ayant quitté la Chartreuse, demandait à revenir à partage avec ses frères. Il fut débouté de sa demande; c'est le président Forget qui prononça la sentence (1).

Dom Bruno Ruade, docteur de la *Sapience*, à Rome, puis chartreux et vicaire de Vauvert (Paris), fut tiré de la solitude sur les instances du roi Louis XIII, et sacré évêque de Conserans dans l'église des Chartreux de Paris, le 10 mars 1624, par Octave de Bellegarde, archevêque de Sens, son prédécesseur dans l'évêché de Conserans. Ce religieux prélat fut inhumé dans le chapitre de la Chartreuse de Toulouse, et eut pour successeur l'illustre Pierre de Marca, en 1642.

C'est dans le petit cloître, qu'à diverses époques, on peignit les principales actions de la vie de saint Bruno. En 1350, elles furent

(1) *Journal de l'Estoile*, supplément, p. 38.

peintes sur le mur ; en 1508, sur toile, avec la même histoire en vers latins, nouvellement composée par dom Zacharie Benedicti, chartreux de la maison de Vicence. Enfin, en 1645, le petit cloître ayant été reconstruit à neuf par dom Joyeulx, prieur, le célèbre Lesueur les peignit sur bois et les distribua en vingt-deux tableaux qui sont autant de chefs-d'œuvre. Il employa trois années à cet ouvrage. Lesueur était né à Paris, en 1617. Il était élève de Simon Vouet, et, au début de sa carrière, il avait dessiné une Annonciation pour un *office à l'usage des Chartreux*. Lesueur, que l'on commençait à connaître, eut une faveur de la cour : il fut nommé inspecteur des recettes à l'octroi de Lourcine. Dans l'exercice de cet emploi, il eut une discussion avec un gentilhomme qui ne voulait pas se soumettre aux exigences légales. Un duel s'en suivit. Il fut vidé sous les murs des Chartreux. Lesueur, ayant tué son adversaire, se réfugia dans le couvent, et attendit que sa famille calmât celle de sa victime. Ce fut là que, pour occuper ses loisirs et récompenser l'hospitalité des frères, il peignit cette belle série de tableaux, appelée la *Vie de saint Bruno* (1).

Plus tard, lorsque Lesueur eut perdu sa femme, et que, découragé, il lui sembla que sa vie était accomplie, il vint mourir aux Chartreux. Il s'éteignit au sein de ses chefs-d'œuvre, comme un père attristé se réfugie dans sa vieillesse au milieu de ses enfants. Il était dans sa trente-huitième année, et fut inhumé dans l'église de St-Etienne-du-Mont (1655).

Les vitraux du petit cloître des Chartreux étaient remarquables par la beauté de leurs peintures, ouvrages de Sadeler. Ces vi-

(1) *Biographie universelle Didot*, tome 30.

traux étaient dans des bordures, peintes en apprêt, qui avaient aux coins des camaïeux, qui représentaient les Pères du désert. Les carreaux du milieu étaient aussi peints en camaïeu, mais en couleurs différentes des camaïeux qui étaient aux coins. Ces carreaux du milieu furent volés en partie, ce qui obligea les religieux d'ôter ce qu'il en restait.

Aux extrémités de ce petit cloître, on peignit différentes vues : celle de la ville de Paris, telle qu'elle était au commencement du XVIIe siècle; la ville de Rome; la Grande-Chartreuse; la Chartreuse de Pavie, fondée par Jean-Galéas Visconti, duc de Milan, le plus superbe bâtiment monastique qu'il y ait dans le monde chrétien, etc.

M. de la Rocque dit qu'on voyait autrefois dans la Chartreuse de Paris une grande carte de tous les pays du monde, où il y avait des chartreuses, carte que les Bénédictins prirent pour modèle pour en faire une de leurs abbayes et autres maisons de l'ordre de St-Benoît, tant d'hommes que de femmes, et qu'ils firent graver en 1726.

Celle des Chartreux n'est point gravée, ajoute-t-il, mais elle est tout écrite à la main et dans un ordre merveilleux; c'est, en un mot, l'ouvrage d'un long travail, et le fruit d'une patience et d'une capacité peu communes : sa largeur est d'environ quatre pieds sur un peu plus de hauteur. On y voit sans confusion toutes les régions où il y a des chartreuses, c'est-à-dire presque toute l'Europe, avec toutes les instructions et les accompagnements nécessaires à cette sorte d'ouvrage. Le titre général est *Nova et Generalis Descriptio Domorum Sacri Ordinis Cartusiensis per Provincias, etc.*

Au commencement du XVIIe siècle, selon du Breul, l'ordre des Chartreux était divisé en seize ou dix-sept provinces, contenant 189 monastères, dont cinq de filles, et environ 3,200 religieux et religieuses.

X.

Mélanges.

LES dépendances de la Chartreuse qui ne consistaient dans l'origine qu'en huit arpents et demi (trois hectares environ), étant devenues insuffisantes pour le nombre toujours croissant de ses religieux, ces derniers firent successivement un nombre considérable d'acquisitions dans le clos Vignerai et dans celui de Saint-Sulpice. C'est sur cet emplacement qu'existent aujourd'hui l'hôtel du Petit-Luxembourg, la rue Madame et celle de l'Ouest. En 1613, Marie de Médicis, ayant eu besoin d'une partie de ces terrains pour y établir les jardins de son palais du Luxembourg, qu'elle fit commencer deux ans plus tard, donna en échange aux Chartreux, des terres considérables qui, du côté de la campagne, étaient séparés de leur monastère par l'ancienne voie romaine d'Issy. Mais, comme ce chemin était pratiqué dans un fond humide et souvent impraticable, Louis XIII, par des lettres-patentes de 1617, leur en fit don sur une longueur de 240 mètres, pour l'enfermer dans leur enclos. Le même roi ordonna aux Chartreux de construire une avenue plantée d'arbres qui conduirait à leur couvent, et de prolonger la rue d'Enfer jusqu'aux Carmélites. L'obstacle qui s'opposait à l'agrandissement de leur monastère ayant ainsi disparu, les Chartreux de Paris prirent alors une importance qui ne fit que s'accroître jusqu'à la révolution.

L'entrée du monastère ayant été modifiée par l'échange de 1613, et la construction d'une large allée qui y donnait accès, les religieux firent édifier une seconde porte. La seconde porte d'entrée de la Chartreuse de Paris fut élevée en arc-de-triomphe, en mémoire de la prise de La Rochelle, monument que l'on consacra à Dieu, en actions de grâces de cet événement. On y lisait l'inscription suivante (1) :

D. O. M. SACRUM
QUO DIE LUDOVICUS REX CHRISTIANISSIMUS
SANCTI LUDOVICI HUJUSQUE CARTUSIÆ
FUNDATORIS, QUANTUM PIETATE QUANTUM
JUSTICIAT REGNAT, UT HÆRES, RUPELLA
FELICITER RECUPERATA, LUTETIAM
TRIUMPHATOR INTRAVIT. AN. SAL.
M. DC. XXVIII.

(1) *Mercure de France*, 1742.

Le 28 décembre 1651, M. de Chanvallon, nommé archevêque de Rouen, sur la démission volontaire de son oncle, fut sacré dans l'église des Chartreux de Paris, par le nonce du pape, assisté des évêques de Coutances et de Bayeux. Le nouvel archevêque prêta serment entre les mains du jeune roi Louis XIV, à Poitiers, le 12 janvier 1652 (1).

Le 30 juillet 1652, le duc de Beaufort tua en duel le duc de Nemours, son beau-frère, et incontinent se retira aux Chartreux, où il passa quelques jours auprès des frères, jusqu'à ce qu'il pût gagner ses régiments, qui étaient en Champagne.

Le 6 juillet de l'année précédente, le prince de Condé, averti par Madame de Châtillon qu'on vient l'arrêter dans son hôtel, monte à cheval, accompagné de six de ses amis, sort par la porte Saint-Michel, et fait avertir le prince de Conti de le venir joindre aux Chartreux. Tandis qu'il attend son frère à la porte de ce monastère, un grand bruit se fait entendre; Condé croit que c'est un escadron de cavalerie envoyé pour le poursuivre; il se jette dans un chemin de traverse et gagne sa maison de Saint-Maur, puis de là se rend à Bordeaux pour organiser ses troupes (2).

Au mois de juillet 1652, Chavagnac, qui commandait un corps de l'armée du prince Condé, arriva avec ses troupes à deux heures après minuit aux Chartreux. Il avait douze bataillons et mille chevaux, le reste de l'infanterie suivait. M. le Prince vint l'y rejoindre avec sa cavalerie, et l'envoya peu après à la Porte Saint-

---

(1) *Gazette de France*, 1652.
(2) Petitot, *introduction* au 35e vol. (2e série).

Antoine avec toute son armée. Le duc d'Orléans en fit la revue le lendemain (1). Peu après eut lieu une bataille décisive, où Saint-Mégrin fut tué, et le duc de La Rochefoucauld blessé à la tête. Les Frondeurs battus, l'armée royale rentra dans Paris.

En 1680, mourut dom Ambroise Héliot, religieux profès de la Chartreuse de Paris, et auteur d'une *Histoire des Ordres monastiques* en plusieurs volumes; son éloge a été écrit par Jean-Baptiste Maillet, religieux de la même maison.

En 1683, le prieur des Chartreux dom Léon Hinselin, assisté de Charles Gobinet, docteur de la Sorbonne, procéda à l'application des nouveaux réglements du collége de Montaigu, lesquels furent lus et publiés dans l'acte de visite du 27 mars. Le prieur des Chartreux avait toute autorité de visite, tant sur le collége de Montaigu que sur ses annexes; il avait pouvoir d'en absoudre les religieux, et d'y présenter des écoliers indigents (2).

En 1688, la province dite *de France*, fut divisée par le Chapitre général des Chartreux, en deux parties, à cause de sa trop grande étendue, et chaque partie eut son visiteur.

Le 1er janvier 1716, entre matines et prime, des voleurs entrèrent par les fenêtres de l'église des Chartreux, et prirent sur le maître-autel, l'image de vermeil de saint Louis, et deux autres reliquaires d'argent. Deux jours après on trouva le saint Louis dans le jardin du Luxembourg, mais il n'avait plus sa couronne, qui

---

(1) *Mémoires de Chavagnac*, p. 174.

(2) Felibien, tome Ier, p. 530.

était enrichie de petits diamants. Il manquait aussi une épine de la couronne de N.-S. que le saint tenait dans ses mains, Quant au sceptre, il fut retrouvé peu de temps après dans le même jardin.

En 1718, au mois de décembre, raconte saint Símon dans ses *Mémoires*, les Chartreux, qui sont accoutumés à donner quelquefois de grands repas, en donnèrent un à beaucoup de gens distingués de la cour et des conseils. Le repas de cette année fut gai : Puysieux en fit la joie, mais il mangea trop et mourut d'indigestion dans la nuit. Le duc de Saint-Simon était également au nombre des convives de ce dîner. Dès 1625, Guy Patin constate qu'il dîna un jour à la Chartreuse avec un de ses amis nommé de Riant de Villerai, maître des requêtes, dont le fils fut plus tard procureur du roi au Châtelet.

Le 25 juin 1717, comme on achevait de sonner les vêpres, la foudre tomba sur le clocher de l'église des Chartreux, en fondit le plomb, détacha les ardoises, et brûla les lattes du côté du levant.

Le dimanche 3 novembre 1720, le jeune Louis XV honora la Chartreuse de sa visite. Il y arriva vers les quatre heures du soir, accompagné du maréchal de Villeroi, gouverneur de la personne de Sa Majesté, de M. de Fleury, ancien évêque de Fréjus, son précepteur, etc.

Le 19 juin 1721, jour de l'Octave de la Fête-Dieu, le même roi rendit une seconde visite aux Chartreux. Il arriva vers les cinq heures du soir, assista au salut et à la bénédiction du Saint-Sacrement.

En 1736, dom Pascal le Tonnelier était prieur de la Chartreuse de Paris, et visiteur de la Province de France, sur Seine. A cette époque dom Clément Le Roi exerçait depuis près de vingt ans la charge de vicaire, à la satisfaction générale.

A cette même date on écrivait que la communauté était composée d'environ trente Religieux de chœur, dont quelques-uns étaient jeunes profès, et n'avaient point encore reçu l'ordre de prêtrise, sans compter les frères Convers.

M. de la Roque, qui allait souvent visiter les Chartreux, écrivait en 1741 « que les dignes habitants de cette solitude ont tous la grâce de leur état ; on a de la peine à les quitter, dit-il, à sortir enfin d'une maison, où, jusqu'aux pierres et aux peintures, tout touche, tout édifie.

» Et à propos de peinture, le petit Cloître est toujours fréquenté par de jeunes élèves, qui viennent étudier ce bel art dans les tableaux de la vie de saint Bruno, chefs-d'œuvre du pinceau de l'inimitable Lesueur. Mais dom Sacristain, qui connaît et aime fort les beaux-arts, n'admet à cette étude qu'une jeunesse sage et vertueuse.

» Vous ne trouverez plus le vénérable dom l'Ancien, ou dom Jacques Denis ; nous le perdîmes le 2 septembre 1740, âgé d'environ 86 ans. Cette sainte joie, toujours répandue sur son visage, qu'il inspirait aux autres, ne l'a jamais quitté, et en entrant dans celle du Seigneur, il a emporté tous les regrets de ses confrères, et de ses amis.

» Dom E.... continue, dans ses moments de récréation, d'étudier la nature dans la Botanique, et de la tenter encore quelquefois, mais là-dessus de grands sacrifices, que je n'ose vous détailler.

» Le corps de musique de Notre-Dame avait accoutumé de venir chanter annuellement un motet dans le chœur de la Chartreuse de Paris. Le corps de musique de l'église métropolitaine, et plusieurs autres bons musiciens et symphonistes de la ville, se rendent dans le chœur de l'église des Chartreux, un certain jour de l'été, et à l'issue des vêpres des Religieux, ils chantent en leur présence un motet en l'honneur du saint Fondateur et quelquefois un psaume, aussi en musique. Saint Victor et saint Martin-des-Champs étaient aussi visités par ces musiciens à certains jours de l'année. Tous ces musiciens trouvaient une ample collation, préparée dans une salle de la Maison.

» J'assistai, pour la dernière fois au motet des Chartreux, le 16 août 1736, et je vous assure que j'en fus fort satisfait. On chanta en contrepoint l'antienne *Laudamus Bruno*, et tout de suite un *Te Deum laudamus* à grand chœur. Il y eut une grande affluence de monde qui remplit toute l'église et une partie du monastère. Cette musique fut exécutée par plus de quatre-vingts personnes, et avec une grande symphonie de toutes sortes d'instruments, timbales, trompettes, hautbois, etc. (1).

» Ces motets cessèrent à la Chartreuse de Paris, après l'élection de dom Michel Brunier de Larnage, au prieuré ou généralat de tout l'Ordre, au mois d'avril 1737, à la mort de dom Innocent le Masson. On ignore les motifs et les circonstances de cette cessation. »

---

(1) *Mercure de France*, décembre 1742.

Pour l'agrément de la ville, les religieux consentirent à ce que l'on bâtit des maisons en bordure de leur clos, sur la rue d'Enfer. Une des plus anciennes est celle que fit édifier Thierry de Biencour, doyen de Toul et maître des requêtes, qui se retira auprès des Chartreux. C'est lui qui fit paver la rue d'Enfer, depuis la porte de Saint-Michel jusque vis-à-vis Saint-Jacques du Haut-Pas. En 1706 et 1707, les Chartreux firent élever deux maisons d'un bon goût, dans la plus grande desquelles la duchesse de Vendôme fit faire en 1716 des augmentations très-considérables. Cet hôtel fut ensuite occupé par le duc de Chaulnes. Mme la princesse d'Anhalt étant venue l'occuper vers 1765, elle obtint du roi la permission de faire abattre une partie du mur, pour faire une communication avec le jardin du Luxembourg, et de fermer cette ouverture par une grille en fer.

XI.

La Chartreuse en 1775.

NOTRE travail serait incomplet si, après avoir mentionné les choses remarquables arrivées dans la Chartreuse de Paris, nous ne parlions de l'état de ce monastère à la fin du siècle dernier. Nous allons donc le décrire tel qu'il se trouvait avant la révolution, avec ses tableaux, ses mausolées, sa bibliothèque, ses chapelles et ses cloîtres.

On entrait dans ce monastère par une porte en arcade qui ouvrait sur la rue d'Enfer. Une avenue assez longue et plantée d'arbres, conduisait à la grande porte intérieure de cette maison, pratiquée dans un bâtiment construit en 1623. Puis, on arrivait dans une première cour où l'on trouvait, à droite, une chapelle assez grande que l'on nommait la chapelle des femmes, parce que c'était la seule partie du monastère où elles fussent admises. Elle fut consacrée sous l'invocation de la Sainte Vierge et de saint Blaise, le 14 mai de l'année 1460 Dans cette chapelle était une tombe plate de pierre de liais, sous laquelle fut inhumé Laurent Bouchel, avocat fameux au parlement de Paris, mort l'an 1629, âgé de 70 ans.

Pour parvenir de cette cour dans la seconde, on traversait un autre bâtiment de construction ancienne, dont la façade était ornée de figures et d'ornements gothiques d'un goût délicat. Les portiques ouverts de ce bâtiment étaient surmontés d'une statue de la Vierge, aux pieds de laquelle figurait, en bas-relief, saint Louis, présentant plusieurs chartreux à cette reine du ciel. A côté du saint roi, l'on voyait saint Jean-Baptiste avec un agneau à ses pieds ; de l'autre côté saint Antoine, et plus loin saint Hugues, qui, de chartreux, devint évêque de Lincoln : à ses pieds était un cygne dont on dit qu'il fut toujours accompagné, depuis qu'il était évêque, et qui disparut aussitôt après sa mort.

Dans cette seconde cour l'on trouvait, à droite, un grand corps de bâtiment destiné au logement des *hôtes*, et, à gauche, l'église fondée par saint Louis. Quoique fort simple extérieurement, elle n'était pas sans originalité par rapport à son architecture. L'intérieur, qui, suivant Dulaure, pouvait être cité comme un chef-d'œuvre d'architecture sarrasine, renfermait des boiseries et des stalles remarquables par le fini de leur exécution. Cet intérieur était partagé en deux. D'abord on entrait dans le chœur des Frères, et dans cette partie il y avait deux petits autels. Le chœur des Pères se présentait ensuite, et occupait la plus grande partie de cette église. C'est dans ce chœur que se trouvait un pupitre habilement sculpté, soutenu par trois figures représentant la Foi, l'Espérance et la Charité. Selon l'usage de cet ordre, les chapelles, jointes au chœur et à la nef, ne pouvaient être aperçues par ceux qui entraient dans l'église ; elles avaient une entrée particulière et cachée.

La menuiserie des stalles de ces deux chœurs était ornée de pilastres et d'autres sculptures d'un goût délicat. Les pilastres du chœur des Frères étaient d'ordre ionique, espacés les uns des autres et d'une disposition qui faisait plaisir à voir. Ceux du chœur des Pères étaient d'ordre composite, et d'un effet tout différent. Ces ouvrages de patience et de goût avaient été exécutés par les Chartreux eux mêmes ; aussi s'en glorifiaient-ils, car dans le chœur des Pères, on lisait, sur une petite lame de cuivre, une inscription qui constatait que ces stalles avaient été terminées en l'année 1680, par Henri Fuziliers, frère convers, et par la belle économie de dom Léon Hinselin, prieur. Une autre inscription, placée dans le chœur des Frères, disait que la menuiserie de ce chœur avait été commencée le 20 février 1681, et terminée le 10 octobre 1682, sous la direction du même Fuziliers.

Cette église, qui avait reçu une décoration polychromique dans le goût de celle de Saint-Germain-des-Prés, renfermait une suite de tableaux des meilleurs maîtres, la plupart placés au-dessus des stalles. Le tableau qui était sur le grand autel représentait le *Christ au milieu des docteurs*, par Philippe de Champagne.

Si l'on allait du grand autel vers la porte de l'église, à gauche, on trouvait d'abord la *Résurrection de Lazare*, par Bon Boullogne, un de ses meilleurs. Puis, l'*Aveugle de Jéricho*, d'Antoine Coypel, premier peintre du roi Louis XV. Le *Miracle des cinq pains*, par C. Audran; la *Samaritaine*, par Noël Coypel, père d'Antoine; la *Chananéenne*, par Corneille, et la *Résurrection de Lazare*, par le même.

Le premier tableau, à droite, en allant du grand autel vers la porte de l'église, représentait la *Guérison des malades au bord du lac de Génézareth*, par Jouvenet, une de ses œuvres capitales, et dont on ne pouvait se lasser d'admirer la correction du dessin et les expressions (1). Venaient ensuite la *Femme affligée du flux de sang et qui est guérie en touchant la robe de Notre-Seigneur*, par Boullogne le jeune, mort premier peintre de Louis XV; *Saint-Jacques, Saint-Jean et leur père Zébédée, raccommodant leurs filets*, par Dumont le Romain; le *Centenier*, par Corneille.

Le premier que l'on voyait dans le chœur des Frères, de ce côté-ci, était le *Paralytique sur le bord de la Piscine*, par le même; il faisait pendant à la *Chananéenne*. Enfin le dernier tableau était de La Fosse, *Jésus-Christ ressuscitant la fille de Jaïre*.

L'abbé Lebœuf assure que les auteurs qui ont parlé des fondateurs des chapelles ont oublié Jean l'Heureux, audiencier du roi, que le nécrologe dit, au 20 février, en avoir fait bâtir deux. La plus voisine de la grande porte de l'église était récemment bâtie, lorsque l'évêque de Paris, François Poncher, la bénit le 13 janvier

(1) Pignaniol de la Force, tome VII, p. 215.

1320, en l'honneur de Notre-Dame, saint Hugues et saint Bruno, six ans après la canonisation de ce dernier.

Les Chartreux conservaient un usage mémorable, relativement aux bienfaiteurs de leur église. Ils célébraient, chaque année, la fête des saintes Reliques, le jour de l'octave de la Toussaint, comme ont fait, à leur exemple, plusieurs diocèses, entr'autres celui de Paris, depuis 1736.

Jean Cœur, archevêque de Bourges, a perpétué son souvenir parmi les Chartreux de Paris, en leur donnant une maison sise en ladite ville, dont le revenu devait être employé à avoir de quoi leur couvrir la tête depuis les environs de la Toussaint. Ce prélat siégea depuis 1447 jusqu'en 1483.

Mais les libéralités du roi Charles V ont surpassé toutes celles des autres bienfaiteurs, puisqu'il leur fit présent de trois mille quatre cents francs ; en mémoire de quoi il était placé dans le nécrologe, au 16 septembre jour de sa mort, et au 22 avril (1).

L'église des Chartreux contenait les mausolées de plusieurs personnages de grande considération, savoir : Philippe de Marigny, évêque de Cambrai, archevêque de Sens, mort en 1325 ; Jean de Blangy, docteur en théologie, évêque d'Auxerre, mort en 1344 ; Jean de Chissé, évêque de Grenoble, mort en 1350 : Amé de Genève, frère du pape Clément VII, mort en 1369 ; Marguerite de Châlons, morte en 1398 ; Guillaume de Sens, président au parlement de Paris, décédé en 1436 ; Michel de Crenay, évêque

(1) *Histoire de la ville de Paris*, par l'abbé Lebeuf, 2e édition, tome Ier, p. 411.

d'Auxerre et confesseur de Charles VI, mort en 1409; Pierre de Navarre, comte de Mortain, décédé à Nevers, transporté aux Chartreux en 1412. Son tombeau, de marbre blanc, était sous une arcade prise dans le mur qui séparait le sanctuaire de la chapelle de Saint-Etienne de la sacristie. Il était représenté avec Catherine d'Alençon, sa veuve, quoique celle-ci ait été inhumée à Sainte-Geneviève, en 1462.

Cette église contenait encore les cendres de Philippe d'Harcourt, mort en 1414; de Jean d'Arsonvalle, décédé en 1416; de Jean de la Luna, neveu de l'anti-pape Benoît XIII, mort en 1395; d'Adam de Cambrai, mort en 1456; de Louis Stuart, seigneur d'Aubigny, fils d'Edouard Stuart, duc de Lenox, mort à Paris en 1665, inhumé au milieu du chœur, sous la cloche; du cardinal de Dormans, évêque de Beauvais, dont on voyait la statue en bronze, couchée sur un marbre noir, lequel mourut en 1373.

De l'église on passait dans le petit cloître, qui était orné de pilastres d'ordre dorique avec des tableaux dans les arcs, qui représentaient les circonstances les plus remarquables de la vie de saint Bruno, depuis qu'il eut quitté le monde jusqu'à sa mort, et même jusqu'à sa canonisation. Eustache Lesueur, surnommé à juste titre le Raphaël français, commença cet immense travail en 1645, et n'employa cependant que trois années pour en achever l'exécution. Ses habitudes de piété, suivant M. Vitet, l'avaient mis en rapport avec le prieur des Chartreux : celui-ci faisant restaurer le petit cloître de son couvent, ces nouvelles réparations exigeaient ou qu'on blanchît les murailles ou qu'on les peignît de nouveau. Il fut décidé qu'on devait les peindre, et ce fut à Lesueur qu'on en confia le soin.

« Le grand artiste aurait bien voulu, avant de se mettre à

l'œuvre, faire de longues études de détails et méditer à loisir le caractère général de ses compositions. Mais les Chartreux étaient impatients de jouir de leur cloître ; il fallut obéir, et l'on sait avec quelle rapidité tout fut achevé. Dès 1647, la plupart des tableaux avaient reçu leur dernière touche, et vers le commencement de 1648, ils étaient complètement terminés. Il est vrai que Lesueur s'était fait aider par ses frères Pierre, Philippe et Antoine, et par Goulay, son beau-frère. Mais il avait tout composé, tout dessiné, et plusieurs panneaux avaient même été entièrement couverts de sa main (1). »

Les tableaux de Lesueur, représentant la vie de saint Bruno, étaient placés dans l'ordre suivant :

1° On voit un docteur (Raymond Diocres) qui prêche au milieu d'un nombreux auditoire qui l'écoute avec une grande attention. « Les figures, a dit M. Félibien le père, sont dans des situations et des attitudes faciles et naturelles. Il y a de la diversité dans tous les airs de têtes, et une belle entente dans les draperies. »

2° Ce docteur au lit de mort. Quoique ce tableau soit un peu gâté, il ne laisse pas d'avoir des beautés.

3° Le même personnage sortant à demi de son cercueil pendant qu'on chante l'office des morts, et déclarant lui-même l'arrêt de sa damnation. Ce tableau passe pour être un des plus beaux, et il n'en faut point être surpris ; car il en est des peintres comme des poètes : ils réussissent beaucoup mieux dans les sujets légen-

(1) Vitet, *Etudes sur les Beaux-Arts et la Littérature*, p. 158 et 159.

daires, où ils peuvent donner carrière à leur imagination, que dans ceux où ils sont esclaves de la vérité.

4° Saint Bruno, frappé de ce terrible évènement, est à genoux devant un crucifix, dans l'attitude d'un homme absorbé dans la méditation.

5° Le même saint racontant à ceux qui l'environnent le dessein qu'il a formé de quitter le monde, et les touchant par l'onction de ses paroles.

6° Saint Bruno engage six de ses amis à se joindre à lui et à embrasser le même genre de vie.

7° Trois anges lui apparaissent pendant son sommeil, et l'instruisent de ce qu'il doit faire. Ce tableau est absolument dans le genre de Raphaël.

8° Saint Bruno et ses compagnons distribuent leurs biens aux pauvres.

9° Hugues, évêque de Grenoble, reçoit saint Bruno chez lui, et trouve dans cette visite l'explication d'un songe qu'il avait eu, relativement à l'établissement de l'ordre des Chartreux.

10° Ce même évêque, saint Bruno et ses compagnons traversent des montagnes affreuses pour arriver au désert de la Chartreuse, que Bruno avait prié l'évêque de lui accorder.

11° Saint Bruno et ses compagnons bâtissent une église et des cellules sur la croupe d'une montagne. C'est là le premier établissement de l'ordre, en 1084.

12° L'évêque Hugues donne à saint Bruno et à ses compagnons l'habit blanc tel que les Chartreux le portent.

13° Le pape Victor III confirme, en plein consistoire, l'institut des Chartreux. C'est un des plus beaux de la collection.

14° Saint Bruno donne lui-même l'habit à quelques nouveaux religieux.

15° Le saint fondateur reçoit une lettre du pape Urbain II, qui lui ordonne de se rendre à Rome pour l'aider de ses conseils. Ce pape avait été disciple de Bruno à Paris.

16° Saint Bruno en présence du pape, et lui baisant les pieds.

17° Le pape offre à Bruno l'archevêché de Reggio, que le saint refuse avec humilité, s'en estimant très-indigne (1).

18° Saint Bruno, retiré dans les déserts de la Calabre, y établit un nouveau monastère de son ordre.

19° Sa rencontre avec Roger, comte de Sicile et de Calabre, dans une chasse que faisait ce Seigneur, lequel fut si édifié de la vie des chartreux qu'il leur donna l'église de Saint-Martin et de Saint-Etienne et un fonds pour subvenir à leur nourriture.

20° Saint Bruno apparaissant à Roger, couché dans sa tente, et lui donnant avis d'une conjuration tramée contre lui.

---

(1) Voyez l'*Histoire des Peintres*, par M. Charles Blanc, tome Ier.

21° La mort de saint Bruno. Ce tableau est un chef-d'œuvre. Rien n'est plus admirable que la variété et la convenance des attitudes de tous les religieux qui assistent au dernier soupir de leur Père ; rien de plus touchant que leurs expressions de douleur, d'abattement, et en même temps de résignation. Quelle haute intelligence du clair-obscur, dans la distribution de la lumière des flambeaux sur tous les sujets. Quelle vérité et quelle facilité dans les draperies de leurs robes ! Cette composition est incomparable, et peut-être supérieure à ce que l'Italie a produit de plus parfait en ce genre.

22° Saint Bruno enlevé au ciel par des anges. Cet apothéose excite un véritable sentiment d'admiration. Le groupe d'anges qui porte le saint peut bien rappeler le *Ravissement de saint Paul* du Dominiquin ; mais la pose hardie et gracieuse de la figure principale s'élevant doucement dans les airs sur un plan incliné, appartient à Lesueur.

Ces tableaux étaient accompagnés de cartouches entre deux, sur lesquels étaient des vers latins, qui, en expliquant les sujets de peintures, décrivaient la vie de saint Bruno. Ces vers, durs et sans poésie, étaient de dom François Jarry, prieur de la chartreuse de N. D. de la Prée-les-Troyes (1).

Après la mort de Lesueur, dont les ouvrages inspiraient une douce mélancolie qui rappelait trop Raphaël, enlevé au milieu de sa carrière, il s'est trouvé des jaloux de sa réputation, qui ont eu la malignité d'effacer et de défigurer, en diverses manières, ...

(1) La collection des tableaux de Lesueur aux Chartreux, a été gravée par Chauveau, 1 vol. in-folio, avec les vers de dom Jarry.

qu'il y avait de plus beau dans ces tableaux, par une jalousie de métier aveugle et barbare. Ce qui obligea les religieux de les couvrir de volets fermant à clef (1).

Les extrémités du petit cloître ou plutôt de ce musée précieux, se terminaient par des vues peintes à fresques représentant : la ville de Paris, celle de Rome, la Grande-Chartreuse, celle de Pavie, fondée par le duc de Milan, etc. Des vitraux fermaient les portiques du cloître ; ils n'étaient pas moins remarquables par la beauté de leurs peintures en camaïeu que l'œuvre de Lesueur, qu'ils étaient destinés à préserver des injures du temps. Ces vitraux représentaient les *Pères du désert*, peints d'après les dessins de Sadeler.

Du petit cloître on entrait dans la sacristie et dans le chapitre, bâtis en 1321 des deniers de Pierre Loisel et de sa femme. La salle du chapitre contenait plusieurs peintures remarquables, mais on y admirait surtout un tableau de Lesueur, représentant : *Jésus qui apparaît à la Madeleine sous la figure d'un jardinier*, et, sur l'autel, le *Christ sur la Croix*, œuvre de Philippe de Champagne, que cet artiste considérait comme l'un de ses meilleurs ouvrages, et qu'en mourant il légua aux Chartreux. Là encore se trouvaient : l'*Adoration des Bergers*, par le Poussin ; *Saint Bruno*, par Restout ; la *Nativité de saint Jean-Baptiste*, celle de *Jésus-Christ* et *sa Sépulture*, par d'anciens peintres ; la *Présentation au Temple*, par Lagrenée jeune ; l'*Entrée de Notre-Seigneur dans Jérusalem*, par Jollain.

Le réfectoire était au même endroit que la chapelle du château

(1) *Description de Paris*, par Germain Brice.

de Vauvert. Les religieux y mangeaient ensemble les dimanches, les fêtes et les jeudis ; tous les autres jours, chacun prenait ses repas en particulier dans sa cellule.

Après avoir traversé les différents bâtiments dont il vient d'être question, et d'autres encore qui ne méritent pas d'être décrits, on parvenait dans le grand cloître, immense préau à portiques ouverts, autour desquels étaient rangées symétriquement, et sur un plan uniforme, une suite de petites maisons sans communication entre elles, et qu'on appelait *cellules*. Chacune d'elle était composée d'un vestibule, d'une chambre à un lit, d'une autre pièce servant soit de bibliothèque, soit d'atelier ou de laboratoire, suivant le goût du religieux qui l'habitait, et enfin d'une petite cour et d'un petit jardin, qu'il cultivait à sa fantaisie. Intérieurement, la plus grande longueur des portiques était de cent trente-six mètres, et la plus petite de quatre-vingt-onze mètres. Le préau, formant un immense parallélogramme, occupait, en surface, un hectare environ (trois arpents). C'était le grand cimetière où l'on voyait les sépultures des religieux, indiquées çà et là par de petites croix de bois. Celles des Pères y étaient distinguées de celles des Frères par une croix couverte.

Ce grand cloître, bâti à plusieurs reprises, de même que les cellules qui l'environnaient, avait, au milieu de son préau, un petit bâtiment renfermant un puits à manège, avec un réservoir destiné à alimenter les cellules des religieux et les différents services du monastère.

La fondation de quatorze cellules, que fit Jeanne de Châtillon, comtesse d'Alençon, de Blois, de Chartres, etc., était représentée dans le grand cloître, du côté de l'église, où l'on avait sculpté sur la muraille cette princesse présentant à la Vierge, qui tient l'enfant Jésus entre ses bras, et à saint Jean-Baptiste, quatorze chartreux à genoux. Le haut de cette sculpture était orné de treize écussons aux armes de France et de Châtillon alternativement. En 1712, on couvrit ce bas-relief avec des planches, fermées d'un treillis, et sur ces planches on peignit toutes les figures du bas-relief; ce qui forma un tableau de quinze pieds de largeur sur trois de hauteur (1).

Dans le mur des ailes du même cloître, à gauche, on voyait la figure à genoux de Pierre de Navarre, avec le premier verset du *Miserere*, ayant saint Pierre à ses côtés, et quatre chartreux devant lui, tous aux pieds de la Vierge. Un ange, placé derrière ce groupe, soutenait une inscription latine, qui mentionnait les quatre cellules fondées par ce prince en 1396, à raison de cinquante livres par an pour chacune, et les désignait sous les lettres C. D. F. G.

Plusieurs personnes de mérite avaient été inhumées dans ce cloître, ou dans le grand cimetière. Les plus connues sont Jean Versoris, avocat au parlement de Paris, ligueur fameux, mort le 26 décembre 1588; Jean Descordes, chanoine de Limoges, dont la bibliothèque a fait le fonds de celle de Mazarin, mort en 1642; Pierre Danet, curé de Sainte-Croix de la Cité, et auteur des Dictionnaires qui portent son nom, mort en 1709.

---

(1) On trouve à la fin de l'*Histoire de la ville de Paris*, de dom Félibien, aux pièces justificatives : 1° les *Lettres* de Jeanne de Châtillon, comtesse d'Alençon et de Blois, portant fondation de quatorze religieux en la chartreuse de Vauvert; 2° la *Charte* de fondation de saint Louis; 3° le *Bref* du pape Clément IV en faveur des Chartreux de Paris; 4° la *Transaction* entre le curé de Saint-Séverin et les Chartreux; 5° les *Lettres-Patentes* du roi Philippe-le-Bel, qui confirment la fondation de Jeanne de Châtillon.

Les archives des Chartreux de Paris étaient fort considérables. Aux *Archives de l'Empire*, la section administrative seule compte 134 cartons, et 79 registres relatifs à ce monastère.

Lesueur, persécuté, resté veuf et seul, une maladie de langueur détermina sa retraite chez les Chartreux, où la reconnaissance l'avait souvent accueilli. Il les avait émerveillés par ses œuvres, il venait les édifier par sa mort. Ce fut dans les bras du prieur qu'il rendit l'âme, vers les premiers jours de mai 1655; il entrait dans sa 38e année. Mais, chose au moins étonnante, ce fut à Saint-Etienne-du-Mont qu'il fut inhumé, et non à la Chartreuse.

S'il est vrai que Lebrun, l'étant venu voir à ses derniers moments, ait dit avec une joie secrète, après avoir fermé les yeux à Lesueur, que *la mort venait de lui ôter une grande épine du pied*, ce trait, raconté par un chartreux même (Bonaventure d'Argonne), témoignerait à quel point l'amour-propre et l'envie peuvent mettre un homme honnête en opposition avec ses sentiments.

Secondé par ses frères et son beau-frère, Lesueur n'avait point formé d'école; Laurent Colombel et Claude Lefèvre furent ses seuls élèves, tandis que l'école de Lebrun comptait de nombreux disciples. C'est ce qui peut expliquer comment Lesueur ne fut point épargné, même après sa mort, et comment, une main jalouse ayant endommagé plusieurs peintures du cloître des Chartreux, les religieux furent obligés de les couvrir de volets fermant à clef, pour les préserver de nouvelles atteintes.

La bibliothèque du prieur de la Chartreuse était considérable et estimée tant par la quantité que pour la qualité des livres qui la composaient.

La chapelle que Jeanne d'Evreux, reine de France, veuve de Charles-le-Bel, avait fait bâtir dans le clos des Chartreux, avec l'infirmerie attenante, était assez belle, ainsi que Dubreul l'a re-

[illegible]. Elle a même été trouvée assez spacieuse pour servir à des sacres d'évêques. On y fit celui d'Henri d'Escoubleau, évêque de Maillezais, le dimanche 19 mars 1623.

Le terrain qu'occupait cette Chartreuse était immense (76 arpents ou 25 hectares environ), pour être renfermé dans un des faubourgs de Paris; le seul jardin potager contenait au moins quinze arpents. On voit qu'il y avait loin des trois hectares qu'elle contenait dans l'origine.

Saint Bruno, après avoir fondé l'ordre des Chartreux, ne fit point de règles particulières pour ses disciples, mais il leur donna celle de saint Benoît, qu'ils observèrent dans toute sa rigueur et austérité. Les Chartreux ont donné au monde l'unique exemple d'une congrégation qui a duré sept siècles sans avoir besoin de réforme.

XII.

Réunion de la Chartreuse au Luxembourg.

EN 1776, sur la demande du comte de Maurepas, le prieur de la Chartreuse de Paris, dom Robinet, fit hommage des tableaux de Lesueur à Louis XVI, pour la galerie du Louvre. Enlevées à leurs panneaux et appliquées sur toile, ces peintures furent réparées partiellement dans les endroits où elles avaient le plus souffert, puis intégralement restaurées. Les inscriptions qui accompagnaient chaque tableau ont été recueillies par Chauveau, qui a gravé, en un volume in-folio, le cloître entier de Lesueur.

Les Chartreux furent supprimés en 1790. Les biens qui leur appartenaient devinrent propriétés nationales (1).

« Au moment où la révolution éclata, la Chartreuse de Paris comptait trente et un religieux, dont vingt-huit profès et trois donnés. Les richesses territoriales de ce couvent étaient fort considérables. En 1790, le prieur Félix-Prosper le Monant déclara que les biens et revenus de la Chartreuse de Paris montaient à la somme de 152,471 livres 5 sous 7 deniers, se décomposant ainsi : 1° le terrain où est situé la Chartreuse, contenant 76 arpents 33 perches et demie, dont une partie est occupée par l'église, le grand et le petit cloître, et l'autre partie par les cours, potager, terres labourables, pépinières, bois taillis et moulin à vent, rapportant 6,000 livres; 2° les maisons appartenant au couvent, 72,515 livres; 3° les fermes des Moulinaux, 24,357 livres; 4° les fermes de la Brie et de la Normandie, 32,453 livres 10 sous; 5° les bois affermés, 3,020 livres; 6° les marais affermés, 3,453 livres; 7° les rentes foncières, 9,457 livres 18 sous 3 deniers; 8° les censives, 1,194 livres 17 sous 4 deniers. Quant aux charges, elles étaient de 51,530 livres 16 sous 3 deniers, dont, 1,151 livres 8 sous 3 deniers de charges réelles, telles que gros à acquitter, rentes fon-

(1) Dans la collection des sceaux qui est réunie aux archives de l'Empire, on en trouve quatre provenant de la Chartreuse de Paris, des années 1278, 1291, 1367 et 1495. La Grande Chartreuse du Dauphiné en a fourni un de 1367, celle de Dijon un de 1504, et celle de Légel, un de 1410.

cières, cens, etc., et 50,379 livres 8 sous de charges casuelles, telles que frais de culte, réparations des domaines, etc., etc.

« Les tableaux possédés par le couvent, et dont une grande partie avait beaucoup de valeur, furent enlevés le 6 juin 1792 (1). Quant à la bibliothèque, fort riche en livres à gravures, elle ne contenait, d'après l'inventaire, que 11,740 volumes, chiffre inférieur à celui qu'avait déclaré le prieur en 1790 : « Il n'y a point proprement chez nous, écrivait-il, de bibliothèque commune. Chaque religieux a dans sa cellule une petite bibliothèque de livres de piété. Celle de dom Prieur, qui est la plus considérable, est composée d'environ 18,000 volumes in-folio, 7 à 800 in-4°, et 1,800 tant in-8° qu'in-12, et presque tous dans le genre sacré. Il n'y a dans nos bibliothèques aucun ancien manuscrit (2).

Les bâtiments de la Chartreuse ayant été dépouillés de tout ce qui les garnissait, tableaux, bibliothèques, mobilier à l'usage des religieux, etc., un fabricant d'engins de guerre vint s'y installer. Par un décret du troisième jour du premier mois de l'an II de la République, la Convention autorisa le citoyen Barthélemy à continuer sa fabrication de poudres et salpêtres dans les bâtiments des Chartreux (3). D'un autre côté, on établit dans les jardins du

(1) La *Statistique monumentale* de M. Lenoir renferme un plan de la Chartreuse de Paris. Le livre de M. de Gisors sur le Luxembourg, contient une vue de la même Chartreuse, prise à vol d'oiseau. Enfin, MM. Saint-Victor et Pigeoniol de la Force, donnent, chacun dans leur ouvrage, divers plans de ce monastère et du château de Vauvert.

(2) Cocheris, *Histoire de la ville de Paris*, par l'abbé Lebeuf, nouvelle édition, tome I, p. 441.

(3) Il y avait peut-être alors sur la porte d'entrée de ce monastère transformé, quelque inscription dans le goût de celle qu'on lisait à cette même

Luxembourg, agrandis du clos de ces religieux, des ateliers pour la fabrication des armes, et, par une de ces oppositions bizarres de l'esprit du temps, on fondit les glorieux canons d'Austerlitz sur cet emplacement même où les familiers du couvent venaient étudier leurs sermons (1).

Lorsque la Convention nationale décida que le siége du gouvernement serait établi au Luxembourg, elle ordonna en même temps des travaux considérables dont le but était l'agrandissement du jardin public. Le Directoire supprima les ateliers d'armes et de fabrication de poudres. Le couvent des Chartreux fut démoli peu de temps après, et une partie de l'emplacement fut réunie au Luxembourg. On enleva de l'église les statues couchées en marbre blanc de Pierre de Navarre, comte de Mortain, et de Catherine d'Alençon, sa veuve, qui furent transportées, par les soins de M. Lenoir, au musée des Petits-Augustins, aujourd'hui école des Beaux-Arts. Le tombeau d'Amé de Genève, qui se composait d'une statue armée, fut démonté et réduit en moëllons par les ouvriers. Dans l'ancienne orangerie du palais du Luxembourg on trouva plus tard deux pierres tombales provenant du chœur de l'église des Chartreux, dont l'une était celle du comte de Foix.

Vers la fin de l'an IV (1796), on détruisit, au midi, l'ancienne limite du Luxembourg, qu'on agrandit dans toute la largeur, de l'est à l'ouest, d'une zone considérable de terrain prise aux dé-

---

époque de l'an II, sur la porte de l'ancien collége de la ville de Sens, devenu une salpêtrière :

Dans ce nouvel Etna, se fabrique la foudre
Qui réduit les tyrans et les trônes en poudre.

(1) Monge convertit ainsi tous les couvents en fonderies de canons, pendant son rapide passage au pouvoir, remplaçant la contemplation par l'activité.

pens des bâtiments et du clos des Chartreux. On fit alors le mur de soutènement qui longe la grande pépinière.

Une loi du 27 germinal an VI décida que l'avenue du Luxembourg, du côté du jardin, serait prolongée jusqu'au carrefour de l'Observatoire ; qu'une rue parallèle à celle dite d'Enfer, serait ouverte dans la même direction, et communiquerait du carrefour à la place St-Michel (c'est la rue de l'Est actuelle). Une autre rue partant du même endroit, et dans la direction de celle de Notre-Dame-des-Champs, devait communiquer à la rue de Vaugirard (c'est actuellement la rue de l'Ouest).

La loi de germinal disait encore : le terrain qui se trouve entre ces deux rues neuves et le jardin du Luxembourg ne sera point vendu, il sera conservé pour être employé à des pépinières ou autres établissements pour l'instruction des citoyens, l'amélioration ou l'encouragement de l'agriculture, etc. — En vertu de cette loi, on a percé les rues de l'*Est* et de l'*Ouest*, tracées en entier dans le clos des Chartreux. Les terrains existant en bordure et en dehors de ces deux rues, furent aliénés par le domaine de l'Etat, le 21 messidor an VI.

Cette même année on commença, au moyen de remblais considérables, la magnifique avenue de l'Observatoire. En 1801, tous les arbres de la partie orientale du jardin du Luxembourg furent renouvelés, et l'on planta entièrement la nouvelle zone de terrain provenant du clos des Chartreux. La disposition du parterre fut totalement changée. Aux murs en terrasse, aux balustrades et aux effets d'eau qui enrichissaient cette charmante décoration, on substitua les talus gazonnés et les grilles d'appui que nous voyons aujourd'hui.

Les remblais, successivement accumulés pendant dix ans sur l'emplacement de l'avenue de l'Observatoire, ayant atteint, en 1810, à peu près la hauteur du sol du jardin, permirent enfin d'y planter les quatre rangs d'arbres qui en sont aujourd'hui le principal ornement. Chalgrin, qui avait dirigé ces travaux ainsi que ceux du palais, étant mort, un nouvel architecte qui lui avait succédé, M. Baraguei, proposa et fit adopter le projet de donner au terrain de l'avenue et du parterre, depuis le bâtiment de l'Observatoire jusqu'à la façade du palais du Luxembourg, une seule et même ligne de pente. Ce qui eut lieu : on nivela l'allée, on baissa la grille d'entrée, on modifia les parterres, les pièces de gazon et le bassin octogone. Tous ces travaux rendirent le jardin du Luxembourg une des plus belles promenades de la capitale.

Aujourd'hui l'emplacement de la Chartreuse de Paris est en partie exhaussé, planté d'arbres ; les lilas et les rosiers de la pépinière entrecroisent leurs branches sur les cloîtres et les cellules de ces pieux cénobites. Mais quelles traces reste-t-il de cette construction religieuse, élevée successivement pendant cinq siècles, et que chaque époque avait marquée d'un caractère particulier, où l'architecture gothique, celle de la renaissance et du dix-septième siècle semblaient s'être groupées comme pour aider aux recherches historiques de l'observateur, et présenter à l'artiste un sujet d'étude et de composition ?

« Que sont devenues, dit M. de Gisors, ces habitations silencieuses dans lesquelles l'homme, découragé par le malheur, ou fuyant les passions mondaines et les ennuis de la société, venait se réfugier, pour y trouver le calme et la paix de l'âme dans la prière, dans la culture des lettres, des sciences et des arts ? Rien ou presque rien ! Détruit de fond en comble à l'époque de nos tourmentes révolutionnaires, ce monastère a fait place à des rues, à des avenues plantées, et le promeneur indifférent foule, sans le savoir, la sépulture modeste des religieux, comme la tombe somptueuse du riche, qu'une ostentation mondaine avait élevée dans leur église. »

A l'aide des rares vestiges du passé, on peut cependant reconnaître que l'église des Chartreux était dans l'axe actuelle de l'avenue du Luxembourg, et que leur grand cloître était construit autour du pavillon que l'on voit encore dans la pépinière de ce jardin. La maison construite en 1707 par les Chartreux, et qui fut successivement habitée par la duchesse de Vendôme et le duc de Chaulnes, existe encore aujourd'hui à l'est de la grande avenue. Ce sont les seuls restes apparents d'un des plus riches monastères du monde.

LE LUXEMBOURG

ET SES JARDINS.

I

Le Palais du Sénat

Il nous a paru utile, en terminant ce volume, de consacrer quelques lignes au palais et aux jardins du Luxembourg, dont le nom a été maintes fois prononcé à propos de la Chartreuse, sa voisine. Notre intention n'est point de faire ici de l'érudition archéologique, mais seulement de rappeler les principales phases de cette belle construction, qui est une des merveilles de Paris.

Avant de devenir palais, le Luxembourg était, au seizième siècle, une maison de campagne entourée de quelques arpents de terrain plantés en jardins, que Robert de Harlay de Sancy fit bâtir, et qui se trouve qualifiée, dans un arrêt de 1564, d'*Hostel basti de neuf*. Le duc d'Epinay-Luxembourg, ayant acquis cet hôtel de la veuve de Robert de Sancy, l'agrandit considérablement en 1583, en y joignant plusieurs pièces de terres contigues. Ce grand seigneur, très-riche pour son temps, eut là de magnifiques jardins, auxquels il laissa son nom.

En 1612, Marie de Médicis, régente, qui voulait céder le Louvre, qu'elle occupait, au roi son fils et à la cour, acheta, par contrat du 2 avril, et moyennant le prix de 90,000 livres, l'hôtel du duc d'Epinay-Luxembourg et ses dépendances qui devinrent l'emplacement du palais qu'elle voulait s'élever. L'année suivante, désirant encore agrandir cet emplacement, elle fit acquisition de la ferme de l'Hôtel-Dieu, qui forme actuellement le côté est du jardin, le long de la rue Médicis, et que les anciens plans de Paris désignent sous le nom du pressoir de l'Hôtel-Dieu. Au mois de juin 1613, cette reine y joignit vingt-cinq arpents de terre, situés au lieu appelé le Boulevard. Elle acheta également deux jardins appartenant à Antoine Arnaud, et dont la superficie était de 2,400 toises, et, ainsi que nous l'avons vu précédemment, plusieurs parties du clos Vignerai, propriétés des Chartreux et de divers particuliers. Les Chartreux eurent en échange des parcelles de terrain par eux cédées, d'autres propriétés sises au-delà de la route d'Issy, et que le roi Louis XIII leur permit de renfermer dans leur clos, ce qu'ils firent en détournant l'ancienne voie romaine du côté de l'est.

Après ces diverses acquisitions, Marie de Médicis, qui avait chargé Jacques de Brosse de lui fournir les plans du nouveau palais, en fit jeter les fondements (1615). Cet habile architecte ne prit point pour modèle le palais Pitti de Florence, auquel, quoiqu'on en ait dit, le Luxembourg n'a de similitude que par ses bossages. Acceptant, au contraire, « les formes architecturales adoptées en France pour la construction des châteaux, de Brosse composa le palais de quatre corps de bâtiments, disposés carrément autour d'une cour centrale, et flanqués, aux angles, de pavillons plus saillants et plus élevés. Il décora l'entrée principale d'une sorte de frontispice d'un bel aspect, en plaçant aux extrémités deux pavillons se rattachant ensemble par une élégante terrasse, et dominés par un dôme circulaire qui est d'un effet fort pittoresque, quoique manquant un peu de légèreté.

» Les façades du jardin et de la cour furent une alliance savante de plusieurs ordres d'architecture, mis entre eux en parfaite harmonie.

» La sculpture ne prodigua pas les ornements : quelques statues allégoriques, quelques bustes historiques placés dans les entre-colonnements, suffirent à la parure extérieure du palais.

» Cédant, peut-être, à l'influence du souvenir qui ramenait souvent la pensée de Marie de Médicis sur le style des ornements qui décoraient le palais Pitti, lieu de sa naissance, l'architecte reproduisit quelques fantaisies de l'art florentin. La pierre se découpa en voussures, sous le ciseau, et tout le corps de l'édifice s'enroula dans les plis de cette ceinture toscane, qui n'est pas sans grâce, mais qui n'a pas toujours trouvé merci devant des juges sévères.

» Quoi qu'il en soit, l'opinion des générations successives a été unanime dans l'appréciation du travail de l'architecte de Marie de Médicis, et le palais du Luxembourg, tant par la disposition régulière de son ensemble, que par l'unité de style qui règne dans toutes ses parties, est regardé comme une œuvre de maître et vraiment nationale, qui tient la place d'honneur à côté du Louvre et des Tuileries.

» Les dispositions intérieures du palais furent réglées dans les conditions que sa destination de résidence princière comportait. Tout ce que l'industrie produisait déjà de plus séduisant et de plus précoce en progrès contribua à l'éclat de cette résidence (1). »

---

(1) *Paris pittoresque*, par Maurice Alhoy.

Jacques de Brosse employa moins de six années pour édifier ce palais, faire les décorations intérieures et les jardins. Elevé à grands frais par Marie de Médicis, il devait porter son nom ; mais cette reine l'ayant légué à Gaston, son second fils, celui-ci le fit nommer *Palais d'Orléans*. Il passa ensuite à Mademoiselle de Montpensier, qui l'habita, et, par une transaction du 1er mai 1672, il devint la propriété d'Elisabeth d'Orléans, duchesse de Guise, qui, en 1694, le donna au roi Louis XIV. Sous la régence, le palais du Luxembourg devint la demeure de la duchesse de Berry. Louis XVI le donna, en 1779, à son frère Monsieur, comte de Provence, depuis roi sous le nom de Louis XVIII. Transformé en maison d'arrêt, pendant la terreur, c'est là que furent enfermés Camille Desmoulins, Fabre d'Eglantine, Danton, Lavoisier, Beaumarchais, la duchesse d'Orléans, mère de Louis-Philippe, le peintre David, Joséphine de Beauharnais, le comte de Mirepoix et tant d'autres.

« A cette époque, la Convention établit un atelier de fabrication d'armes dans le monastère des Chartreux, qui avaient subi, comme toutes les communautés religieuses, la loi de la confiscation.

» De nombreux volontaires, ouvriers novices, se casernèrent dans le couvent et travaillèrent nuit et jour, s'encourageant et s'animant au bruit des marteaux et aux refrains des chants populaires. Ces sons franchissaient l'espace et allaient tristement retentir au guichet de la prison. »

En 1795, le palais du Luxembourg devint le lieu des séances du Directoire et la demeure des cinq directeurs, qui habitaient plus particulièrement l'hôtel contigu, appelé le Petit-Luxembourg.

Après le 18 brumaire, le Luxembourg fut un moment le palais du Consulat, et devint ensuite le palais du Sénat conservateur jusqu'en 1814, époque où une nouvelle constitution remplaça le Sénat par la chambre des Pairs. En 1852, ce palais a été de nouveau affecté au Sénat Impérial.

C'est au règne de Louis-Philippe que le Luxembourg a dû la construction de la belle orangerie qui est élevée sur la terrasse voisine du château. C'est à la même époque que fut édifiée la façade principale du palais qui donne sur le jardin, et qui en a presque doublé les appartements. « L'œuvre moderne de M. de Gisors, un grand architecte, se souda glorieusement au redoutable voisinage de de Brosse, ce génie superbe qui avait trouvé trop pauvres les richesses des Florentins. »

Le second empire a fait des embellissements considérables dans le palais du Luxembourg; il a restauré la salle des séances du Sénat et enrichi la salle du Trône de décorations nouvelles. M. Lehmann y a peint toute une épopée nationale, qui en rehausse encore la magnificence.

La chapelle du Luxembourg et la salle du *Livre d'or* sont aussi très-riches. Cette salle est remarquable par les peintures restaurées des boiseries qui ornaient les appartements de Marie de Médicis. Ces peintures sont des médaillons représentant plusieurs sujets mythologiques. C'est dans une pièce voisine de la chapelle que se trouve le *Christ* de Philippe de Champagne, qu'en mourant il avait légué aux Chartreux et qui ornait le chapitre de leur monastère.

Le grand escalier d'honneur de la galerie de l'ouest au palais du Luxembourg est l'œuvre de l'architecte Chalgrin. Les galeries du palais, si riches aujourd'hui en tableaux de maîtres modernes, ne contenaient, sous Marie de Médicis, que les vingt-quatre grands tableaux de Rubens, représentant l'histoire allégorique de cette reine, que l'on voit aujourd'hui au Louvre. Ce fut Louis XVIII qui y fit installer le musée actuel, où l'on admire les belles pages d'Horace Vernet, de Delacroix, Couture, Ingres, Huet, Corot, Français, Coigniet, Rosa Bonheur, Hébert, Baudry, Muller, et de cent autres encore, sans oublier les marines de Gudin et d'Isabey.

Au Luxembourg, dont nous venons de rejalonner l'histoire, est contigu presque un autre petit palais, que l'on appelle le Petit-Luxembourg. On lui attribue pour fondateur le cardinal de Richelieu, qui le donna à sa nièce, la duchesse d'Aiguillon. Il eut ensuite pour possesseurs le prince de Bourbon-Condé et la palatine de Bavière, qui y fit exécuter des réparations et accroissements considérables. Après la révolution, le Petit-Luxembourg fut le siége du gouvernement directorial : quatre des directeurs l'habitaient ; le cinquième logeait dans le grand palais. Bonaparte, devenu premier consul, y habita avec la bonne et douce Joséphine de Beauharnais, abandonnant le palais voisin à ses deux collègues. Le Petit-Luxembourg est aujourd'hui la demeure du président du Sénat.

On remarque à côté du Petit-Luxembourg, vers l'orangerie, l'ancien couvent des filles du Calvaire, une curiosité architecturale avec un fronton grec de la plus exquise élégance. Cette marqueterie ravissante a été restaurée dans ces derniers temps par M. de Gisors, architecte du Sénat, qui nous a laissé un livre plein de détails sur le Luxembourg.

II

Les Jardins

Du temps de Marie de Médicis, les jardins du Luxembourg étaient loin d'avoir la superficie qu'ils possédaient dans ces dernières années (284,811 mètres). Ils s'étendaient un peu plus vers l'ouest sur l'emplacement occupé aujourd'hui par les rues Madame, de Fleurus, Jean-Bart et Duguay-Trouin, emplacement qui fut aliéné par le comte de Provence, en 1782. C'était là que se trouvaient ces belles allées de platanes, que l'on appelait, l'une, l'*allée des Soupirs*, et l'autre, l'*allée des Philosophes*, parce qu'elle était assidument fréquentée par les novateurs du dix-huitième siècle, notamment par J.-J. Rousseau et Diderot.

En 1788, l'ancien parterre du jardin, beaucoup moins profond que celui d'aujourd'hui, était borné à son extrémité méridionale par le clos de la Chartreuse, qui, de ce côté, n'était éloigné que de deux cent trente mètres de la façade du palais.

Par suite de la suppression des ordres monastiques et de l'émigration du comte de Provence, la Chartreuse et le Luxembourg devinrent propriétés nationales. « En 1795, dit M. E. Lemoine, la Convention assigna le Luxembourg comme résidence au Directoire, et, à cette occasion, prescrivit l'agrandissement des jardins, par l'adjonction de presque tous les terrains de la Chartreuse. On commença alors les remblais de la grande allée de l'Observatoire et la plantation de la pépinière. Les travaux furent continués sous l'empire; on décora l'allée de quatre rangées de marronniers.

» La restauration fit aussi quelques embellissements au jardin; elle y créa la belle et renommée collection de rosiers. Le gouvernement de Juillet élargit l'allée de l'Observatoire, y ajouta deux rangées d'arbres, et convertit la pépinière en un charmant jardin. Dans l'état actuel (1865), le jardin du Luxembourg est le plus vaste, le plus élégant, le plus agréable des jardins parisiens. »

Une des choses admirables entre toutes celles que l'on admire dans le jardin du Luxembourg, c'est la fontaine de Médicis, élevée par Jacques de Brosse, et qui, par suite de l'ouverture d'une nouvelle rue, a été rapprochée du palais, restaurée et considérablement embellie. Elle a ainsi repris tout l'éclat de sa forme et toute la richesse de ses détails, qui souvent lui ont valu l'honneur de passer pour l'œuvre de Rubens. Autour rayonnent les jardins, les parterres, les allées merveilleuses et les splendides échappées.

Sous Louis-Philippe, on eut l'idée de remplacer les statues anciennes, qui tombaient en ruines, par des statues de femmes célèbres. Cette illustration rétrospective n'eut pas, paraît-il, tout le succès qu'on était en droit d'en attendre. « L'art n'avait pas trouvé, dit Maurice Alhoy, dans ce genre de composition, l'appui que prêtent, à la mise en scène de la décoration, le paganisme avec ses riches fantaisies d'attributs, et l'antiquité avec la liberté de ses franches allures. » Pourtant toutes ces grandes renommées avaient pour parrains d'illustres statuaires. En effet, on plaça sur le piédestal et le socle des terrasses qui font face au palais, *Marguerite de Provence*, par M. Husson; *Anne de Bretagne*, par M. J. Debay; *Anne d'Autriche*, par M. Ramus; *Blanche de Castille*, par M. A. Dumont; *Anne de Beaujeu*, par M. Gatteaux; *Valentine de Milan*, par M. Huguenin; *Marguerite de Valois*, par M. Lescorné; *Marie de Médicis*, par M. Clésinger; *Laure de Noves*, par M. Ottin; *Sainte Clotilde*, par M. Klagman; *Jeanne d'Arc*, par M. Rude; *Clémence Isaure*, par M. Auguste Préault; *Mademoiselle de Montpensier*, par M. Demesmay; *Louise de Savoie*, par M. Clésinger, etc., toutes dans la rigoureuse exactitude du costume historique, la plupart en corps de jupe, quelques-unes avec le diadème.

» D'autres œuvres de sculptures d'un ordre et d'un style différents, telles que les copies de la Diane à la biche, du gladiateur Borghèse, le groupe d'Adam et sa famille, par M. Garraud; Archidamas s'apprêtant à lancer le disque, par M. Lemaire; David vainqueur de Goliath, le Mercure en bronze de Pigale, la statue en marbre de Velleda, par M. Maindron, concourent encore aux embellissements du jardin du Luxembourg. »

Au milieu de cette prodigalité de marbres, de terrasses, de balustrades et de majestueux escaliers, l'architecte a creusé un vaste bassin octogone assez large du reste pour que toutes les reines d'en haut puissent s'y voir. « L'artiste, dit M. Dubarreau, a songé sans doute qu'un grand miroir n'était pas de trop quand on avait autour de soi tant de jolies femmes à ne rien faire. »

L'ouverture de la rue Médicis et le prolongement du boulevard Saint-Michel ont donné un aspect nouveau au côté oriental du palais; il y a loin de ces immenses tapis de gazon, de cette vive lumière, aux arbres rabougris, aux murs noirs et moussus d'autrefois. Ici encore de l'eau, des cygnes, de grands arbres soudés par des torsades de verdure, de la végétation et des fleurs. C'est la partie la plus riante du jardin.

III

La Pépinière

UAND on a traversé les quinconces de l'ouest au Luxembourg, et qu'on a vu le grand carré du Jeu de paume, l'Orangerie et les Rosariums, on descend quelques marches et l'on arrive à un terrain en contre-bas des parterres, c'est la pépinière. Là était autrefois le verger des Chartreux, la majeure partie de leur couvent, le logis des hôtes et leurs deux cloîtres.

Après la démolition du monastère, en l'an IV, le Directoire songea à utiliser les terrains de l'enclos des Chartreux, et il décida que, dans la partie située à l'est de la grande avenue, et « plantée de bosquets champêtres, l'on formerait une collection complète des arbres, arbrisseaux et arbustes exotiques susceptibles d'acclimation en France : c'était l'emplacement qui est devenu le jardin botanique. L'autre partie, à l'ouest, devait être consacrée à la formation d'un jardin légumier-potager et d'une pépinière d'arbres fruitiers, qui serviraient à la propagation des meilleures espèces, et à l'éducation d'élèves jardiniers. C'était la pépinière. »

Ce dernier terrain avait la forme d'un pentagone irrégulier et mesurait une surface approximative de huit hectares. Dans la plantation qui en fut faite, durant ou après le Directoire, on eut soin de tracer des allées sinueuses, espèces de labyrinthes, où les arbres touffus, issus d'une végétation vigoureuse, ne tardèrent pas à répandre leur ombrage épais, qui s'unit bientôt aux parfums des roses, des lilas et des aubépines. La pépinière, convertie en un charmant jardin, était une tentation continuelle pour le public qui fréquente pendant les jours d'été les quinconces du Luxembourg ; mais ni la Restauration ni le gouvernement de Juillet n'ouvrirent aux Parisiens les portes de cette fraîche oasis, qui continua tranquillement son rôle primitif et son affectation distincte. Après février 1848, le public eut la libre jouissance des allées et des bancs de la pépinière. Pour les uns, elle devint un lieu de rêverie, pour les autres, une salle d'étude en plein air. Les étudiants y venaient, dans l'intervalle des cours, égayer de leurs vingt ans les nymphes mélancoliques ou les amadryades délaissées. Les rentiers du faubourg Saint-Germain, plus haut placés que ceux du Marais sur l'échelle hiérarchique du trois et du cinq, parcouraient quotidiennement ces allées sinueuses, recherchant tour-à-tour, suivant la saison, l'ombre ou le soleil. A leur exemple, Charles Nodier raffolait du Luxembourg. Il y allait de trois à quatre heures. — Je vais faire un tour en Suisse, disait-il, en prenant sa canne pour se rendre à sa promenade favorite.

IV.

Délimitations nouvelles.

PARIS, on l'a dit il y a longtemps, est la ville des changements soudains, des transformations subites. C'est une vaste scène où le décor s'élève et change comme dans une féerie du Châtelet. Ainsi, chaque année, que de combinaisons nouvelles, que de projets, que d'études, que de réalisations gigantesques ! Ce qui hier était une chose palpable, vivante, n'est plus aujourd'hui que de l'histoire. Bien curieux serait le travail qui montrerait, depuis Strabon jusqu'à nos jours, par quelle multitude de changements et de transformations successives l'antique Lutèce est devenue l'immense cité qui fait aujourd'hui l'admiration du monde.

Une délimitation récente circonscrit le Luxembourg entre la rue Bonaparte prolongée à l'ouest, celle de Vaugirard au nord, le boulevard Saint-Michel et la rue Médicis à l'est, et enfin la rue de l'abbé de l'Épée au midi. Nous sommes de ceux qui, tout en reconnaissant l'utilité de voies nouvelles pour vivifier ce quartier un peu trop isolé du monde, regrettent l'immense sacrifice des sept ou huit hectares que l'on va retrancher du jardin. On dit bien que le Luxembourg, malgré la perte de son triangle, qui le faisait ressembler à un cerf-volant renversé, contiendra encore une vingtaine d'hectares, c'est-à-dire sera plus grand que le jardin des Tuileries qui n'en a que dix-neuf, et qui est réputé l'un des plus grands du monde. Certainement il y aura des compensations à cette perte : l'avenue de l'Observatoire toujours accessible au public, la rue Bonaparte avec sa belle allée de platanes maintenue, la pépinière transformée, rajeunie, partout de l'air, de la lumière, de la perspective.

L'ouverture de rues nouvelles va apporter le mouvement et le bruit parmi les tapis de gazons, les fleurs et les jets d'eau du Luxembourg, dont la douce quiétude était naguère si peu troublée, qu'en parcourant ces allées calmes et ombreuses, Chateaubriand avouait à Mme Récamier que, par moments, il se croyait à mille lieues de Paris.

Le bruit des aquilons ne se fait plus entendre ;
De l'aimable printemps nous goûtons tous les charmes.

C'est le moment ou jamais de faire une nouvelle promenade au Luxembourg. Aussi avant-hier, 7 mai 1867, me suis-je dirigé vers ce beau palais, pour en admirer encore une fois les merveilles. On introduit actuellement les visiteurs au Luxembourg par un escalier, placé dans un corps de bâtiment, situé à gauche de la cour d'honneur. Quelques bustes en bronze d'après l'antique, et trois ou quatre statues en marbre ornent cet escalier. On fait ensuite passer le visiteur dans un salon d'attente, tendu de riches tapisseries. La première chose qui frappe l'attention en entrant, c'est une statue, plus grande que nature, de Jeanne Hachette, l'héroïne de Beauvais, tenant de la main droite une hache d'armes, avec laquelle elle frappe les ennemis, et de l'autre un étendard. Ce marbre, plein de vie et de mouvement, nous a paru supérieur à tout ce que l'on a fait en ce genre.

Après un instant de repos, le visiteur est introduit dans la *Salle du Trône*, où toutes les merveilles de l'art et de la décoration se trouvent réunies. Cette salle, entièrement renouvelée de 1852 à

1856, occupe l'emplacement de l'ancienne salle des Conférences, de la salle du Conseil et de l'ancienne salle du Trône, sous Louis-Philippe. « M. de Gisors, l'architecte du Palais, — dit M. J. du Pays, — a déployé, dans l'ornementation de cette salle, une grande abondance de savoir et d'imagination. Empruntant ses motifs au style décoratif de différentes époques, aux fantaisies ingénieuses et élégantes de l'art de la Renaissance, aux somptuosités du XVIIe siècle, et accidentellement aux ornements moins caractérisés du XVIIIe siècle lui-même, il a semé à profusion les détails, accumulé toutes les formes, et fait preuve d'habileté dans l'art de combiner des éléments si variés et souvent disparates. L'or ruisselle de toutes parts ; les décorateurs y ont associé l'argent, et le plafond semble être une vaste pièce d'orfèvrerie. »

On nous a souvent assuré qu'il n'y avait rien de plus riche en Europe que cette salle du Trône, au Sénat. Cela est naturel puisque la France, par sa civilisation, ses progrès et ses artistes, est le premier pays du monde.

De nombreuses peintures ornent cette galerie. M. Brune a exécuté, d'un pinceau facile et harmonieux, plusieurs médaillons de la voûte et deux compositions plus importantes, ayant nom la *Paix* et la *Guerre*. Les peintures des trumeaux, confiées à différents artistes, représentent : *Napoléon* Ier, recevant une députation du Sénat, qui lui remet le plébiciste qui le nomme empereur ; *Napoléon III*, visitant les travaux du nouveau Louvre, etc., etc. Toutes ces compositions ont pour sujet les principaux épisodes du premier et du second Empire. Chacune des extrémités de la salle se termine par un hémicycle de treize mètres de longueur, que M. Lehmann a été chargé de décorer. Ces deux tableaux, placés à une trop grande élévation peut-être pour être bien appréciés, sont cependant l'œuvre capitale de la salle du Trône. Le sujet du premier hémicycle se résume ainsi : *la France, sous les Mérovingiens et les Carlovingiens, naît la foi et à l'indépendance.* A gauche, Mérovée triomphe d'Attila, que n'ont pu arrêter les forces expirantes de l'empire romain. Au centre de la composition, trois anges plantent la croix sur les autels ruinés du paganisme ; Witikind et les Saxons reçoivent le baptême sous les yeux de Charlemagne. A l'angle du tableau, on voit Charles Martel repoussant Abdérame et les Sarrasins dans les plaines de Tours.

Le deuxième hémicycle est consacré à *la France, sous les Capétiens, les Valois et les Bourbons*. A gauche du tableau, Pierre l'Ermite prêche la première Croisade ; Philippe-Auguste fonde ensuite l'unité de la monarchie ; au centre, Jeanne d'Arc chasse les Anglais ; saint Louis dicte ses Etablissements ; à droite, François Ier, Henri IV et Louis XIV, entourés des artistes et des savants qui illustrèrent leurs règnes.

Le trône, qui date, dit-on, du premier empire, est adossé au mur, au milieu de la galerie, dans une travée à coupole, où l'on a peint l'*Apothéose de Napoléon Ier*. M. Balze a exécuté, en face et au-dessus de ce trône, des compositions allégoriques, qui seraient plus remarquées, si l'on vous en laissait le temps.

Après avoir parcouru la salle du Trône dans toute sa longueur, notre guide nous fit revenir sur nos pas pour entrer dans la *Galerie des Bustes*, qui vient immédiatement ensuite. Cette galerie, très-longue et qui doit son nouveau nom aux bustes des sénateurs du premier et du second empire, était autrefois consacrée aux petites archives de la cour des Pairs.

De la galerie des bustes on passe dans un couloir circulaire qui donne accès dans la *Salle des Séances*. Cette salle est formée de deux hémicycles opposés, au centre desquels s'élève la tribune rétablie depuis une année. Le plus grand de ces deux hémicycles contient les siéges concentriques des sénateurs. Le plus petit renferme le bureau où prennent place MM. les Président et

Vice-Présidents. Une boiserie sculptée règne autour de ces deux hémicycles. De nombreuses colonnes de stuc s'élèvent au-dessus de cette boiserie, et entre lesquelles on a placé les statues de plusieurs législateurs célèbres. De chaque côté du grand hémicycle, on remarque les belles statues de *Charlemagne*, par M. Etex, et de *saint Louis*, par M. Dumont.

La coupole de la salle des Séances renferme de gracieuses peintures, dues au pinceau de M. Vauchelet. Le sommet de cette coupole étant divisé en compartiments, chacun de ceux-ci renferme un sujet allégorique exécuté par M. Brune.

De la salle des Séances du Sénat, on nous introduisit dans le salon particulier de l'Empereur, qui se trouve à l'extrémité orientale de la grande galerie du Trône. Là, MM. Brisset, Vinchon, Couderc et Robert-Fleury ont peint : le *Traité de Campo-Formio*, *la Constitution de l'an VIII*, *l'Entrée de Napoléon III à Paris*, après son voyage dans le midi de la France (1852), et son *Mariage à Notre-Dame* (1853).

Après la visite au salon de l'Empereur, on descend au rez-de-chaussée, où se trouve la chambre à coucher de Maris de Médicis, célèbre par ses boiseries du temps et ses peintures. Cette pièce a recouvré, en 1817, sa décoration primitive que la révolution lui avait enlevée. Les boiseries sont recouvertes d'arabesques à fond d'or, et les plafonds peints dans le style de Rubens. Dans un médaillon peint, dit-on, par cet artiste, on voit l'apothéose de Marie de Médicis. A droite et à gauche sont des portraits de la famille de cette princesse et du roi son mari. Nous avons trouvé le *Christ sur la Croix*, de Philippe de Champagne, dans une salle attenante à la chambre de Médicis. Cette peinture, réellement belle, que les Chartreux pouvaient contempler sur l'autel du Chapitre de leur monastère, nous a semblé un peu négligée dans cette salle vide et sombre. Un artiste était occupé à en faire une copie.

Nous fîmes notre dernière station à la chapelle. Ce sanctuaire, terminé en 1844, est décoré de peintures modernes. M. Gigoux a peint les quatre grands tableaux qui font face aux fenêtres : c'est d'abord le *Mariage de la Sainte-Vierge;* ensuite *saint Philippe, apôtre*, guérissant un malade; puis *saint Louis pardonnant aux révoltés*, après la bataille de Taillebourg, et dans lequel on voit la fière Isabelle Taillefer et Hugues de Lusignan, son mari, comte d'Angoulême, implorant la clémence du roi; enfin, *saint Louis en Palestine*, enterrant les morts sur un champ de bataille. M. Vauchelet a représenté sur la voûte de cette chapelle les *Quatre Évangélistes*, et M. Abel de Pujol a peint, derrière le maître-autel, une grande fresque dont le sujet est tiré de l'Apocalypse de saint Jean. On voit, adossé au maître-autel, un tableau de Carle Maratte, représentant l'*Adoration des Bergers*. M. Klagmann a sculpté sur les frontons de l'orgue deux enfants couchés, et M. Jaley a taillé dans un bloc de marbre, placé au-dessous du buffet d'orgues, un groupe d'anges, œuvre gracieuse et très-soignée.

Dans les deux galeries du musée du Luxembourg, les tableaux les plus étudiés et les plus copiés sont toujours la *Naissance de Henri IV*, de Dévéria; la *Fenaison*, de Rosa Bonheur; la *Décadence romaine*, de Couture; la *Mort d'Elisabeth*, de Paul Delaroche; l'*Appel des Condamnés*, de Muller; les tableaux d'Eugène Delacroix, de Gudin, d'Ary Scheffer, etc. La galerie de l'Ouest renfermè une jolie peinture de M. Laugée, Lesueur peignant, chez les Chartreux de Paris, sa *Vie de saint Bruno*, mais placée à une trop grande hauteur pour être bien vue.

En revenant au grand jour et au soleil, nos premiers pas se sont dirigés vers le nouveau jardin qui confine à la rue Médicis; là, parmi les allées sinueuses et les tapis de verdure, nous avons retrouvé le beau marbre d'Adam et sa famille, et un peu plus loin la fontaine de Médicis, cette merveille architecturale encadrée dans deux rangs de platanes. Lors de la restauration de cette fontaine, on a remplacé la statue de la Nymphe des eaux par celle de Polyphême qui, du haut de son rocher, contemple d'un œil terrible le tendre Acis et la belle Galathée, placés au-dessous dans une grotte. Cette légende animée est, en effet, préférable à la nymphe de la décoration primitive.

A partir de l'allée ombreuse des platanes, le sol du jardin a été nivelé les arbres ont été replantés, quelques dispositions des quinconces changées. Mais c'est surtout dans la partie méridionale du jardin du Luxembourg que de grands changements ont eu lieu depuis le mois de novembre de l'année dernière. La rue de l'Abbé de l'Épée coupe transversalement, et jusqu'à la rue de l'Ouest, le Jardin botanique et les deux tiers de la Pépinière, qu'elle met hors du jardin. Dans la partie prise de la pépinière, qui a été exhaussée, on a planté tout un jardin anglais, aux lointaines éclaircies, aux allées sinueuses, que l'on sable abondamment pour le pied des promeneurs et les jeux des enfants. Puis, au-delà de cette grille monumentale, l'allée de l'Observatoire, que l'on a respectée, est dans sa plus grande largeur transformée en une vaste pelouse, avec plate-bandes longitudinales, où l'ombrage et les fleurs ne seront pas un des moindres agréments. Ces deux squares sont déjà beaucoup fréquentés. On respire, sous ces marronniers aux branches touffues, aux aigrettes fleuries, un air frais et embaumé qui captive et retient le promeneur. Viennent quelques fontaines jaillissantes, et ce coin de Paris saura encore retrouver de beaux jours et un public amateur de l'idylle : ce sera en quelque sorte une nouvelle Chartreuse élevée sur les ruines de l'ancienne, mais s'identifiant mieux avec les mœurs et la vie mouvementée des temps modernes.

BIBLIOTHEQUE NATIONALE DE FRANCE
3 7531 00286090 7

www.ingramcontent.com/pod-product-compliance
Ingram Content Group UK Ltd.
Pitfield, Milton Keynes, MK11 3LW, UK
UKHW020352230726
13925UKWH00003B/1081